行政情報システム

受託・開発の教科書

根本直樹
Nemoto Naoki

JN087645

本書内容に関するお問い合わせについて

このたびは翔泳社の書籍をお買い上げいただき、誠にありがとうございます。弊社では、読者の皆様からのお問い合わせに適切に対応させていただくため、以下のガイドラインへのご協力をお願い致しております。下記項目をお読みいただき、手順に従ってお問い合わせください。

●ご質問される前に

弊社Webサイトの「正誤表」をご参照ください。これまでに判明した正誤や追加情報を掲載しています。

正誤表　　https://www.shoeisha.co.jp/book/errata/

●ご質問方法

弊社Webサイトの「刊行物Q&A」をご利用ください。

刊行物Q&A　　https://www.shoeisha.co.jp/book/qa/

インターネットをご利用でない場合は、FAXまたは郵便にて、下記"翔泳社 愛読者サービスセンター"までお問い合わせください。
電話でのご質問は、お受けしておりません。

●回答について

回答は、ご質問いただいた手段によってご返事申し上げます。ご質問の内容によっては、回答に数日ないしはそれ以上の期間を要する場合があります。

●ご質問に際してのご注意

本書の対象を越えるもの、記述個所を特定されないもの、また読者固有の環境に起因するご質問等にはお答えできませんので、あらかじめご了承ください。

●郵便物送付先およびFAX番号

送付先住所　　〒160-0006　東京都新宿区舟町5
FAX番号　　　03-5362-3818
宛先　　　　　（株）翔泳社 愛読者サービスセンター

※本書に記載されたURLなどは予告なく変更される場合があります。
※本書の出版にあたっては正確な記述につとめましたが、著者や出版社などのいずれも、本書の内容に対してなんらかの保証をするものではなく、内容やサンプルに基づくいかなる運用結果に関してもいっさいの責任を負いません。

※本書に記載されている会社名、製品名はそれぞれ各社の商標および登録商標です。
※本書の内容は2022年10月1日現在の法令などに基づいています。

まえがき

　数ある書籍の中から本書をお選びいただき、感謝いたします。

　本書は、国や地方公共団体（自治体）、いわゆる行政機関が整備し、業務や行政サービスを支える情報システムの調達、つまりは**システム開発を受託する方法に関連する内容について解説する**ものです。

　本書を手に取られた方は、行政機関に新規に営業活動を行い、情報システム関連の調達にアプローチし、提案を行おうと考えている方が多いかと思います。しかしながら、いざ営業活動をしようとしても、行政特有のルールの壁にぶつかり、思うようにいかない人も多いのではないでしょうか。私自身も民間企業でのキャリアをスタートしてから数度の転職を重ねるまでは、民間企業を相手にした仕事がほとんどでした。いざ、行政機関の職員と一緒に仕事をするようになってからしばらくの間はとまどいの連続であり、新しく覚えなくてはいけないことだらけで、現場で試行錯誤しながら1つずつ地道にクリアしていく毎日でした。

　現在は目まぐるしい社会環境の変化の渦中におり、デジタル技術を活用してさまざまな社会課題を解決する必要に迫られています。また、日本国としての産業競争力強化なども同時に進める必要があることから、国や地方公共団体においてスタートアップ支援を拡充する動きもあります。政府は**「スタートアップ創出元年」**と位置づけ、令和4年末までに「スタートアップ育成5か年計画」を策定する方針を打ち出しています。また、経済産業省では大臣官房にスタートアップ創出推進室を設置し、スタートアップ創出推進政策統括調整官をはじめとした担当者を配置して推進体制を整備しています。

　地方公共団体に目を向けると、東京都では「スタートアップ協働戦略 ver.1.0」を令和4年2月に策定・公表し、さまざまな活動に取り組んでいます。これにより、スタートアップ企業が行政機関でのデジタル化推進の調達に関わる機会が増えると考えられますが、これまでそうした経験がないスタートアップ企業が試行錯誤を重ね現場で地道に行政機関との仕事の仕方を覚える多大な時間を必要とし、その結果、調達への参入を躊躇することもあるでしょう。だからといって、外部から行政機関での調達関連業務に精通した人を連れて来るのも一筋縄ではいきません。

そこで、少しでも迅速にアジャイルに行政機関とのビジネスを開始し、**調達における営業や提案の活動で好評価を得ることで、受注確度を向上させたい方に向けて執筆したのが本書となります。**

　地方公共団体での調達を取り扱った書籍はいくつも世に出回っています。しかし、本書では**その対象を「行政機関」という大きなくくりにし、広く国や地方公共団体の調達関連内容を扱っています**。また、情報システムの調達にフォーカスしてはいますが、情報システムが支える業務や行政サービス、そして最も基本となるそれらを根拠づける法令などにも触れながら、**行政機関特有の考え方やある意味「お作法」のようなものを理解できるように解説しているのが特徴です。**

　デジタル技術や情報通信技術は、特にネットワークを介してさまざまなヒト・モノ・サービスがつながることによって多種多様な価値を提供しています。

　皆さんは、普段の生活の中でその価値を享受し、最早スマートフォンやタブレットといったデジタルデバイスを手放すことができない人が大半でしょう。

　しかし、行政機関が提供する情報システムはどうでしょうか。先進的な取り組みを行っている一部の行政機関の情報システムを除き、使いにくかったり、何度も同じようなデータ項目を入力させられたり、応答速度が遅かったりと不便に感じることが多いのではないでしょうか。

　このような状態をいち早く払拭するためにも、行政機関が行う業務の内容や取り扱う情報の性質に応じて適切な情報セキュリティ水準を確保した上で、新しいデジタル技術や情報通信技術をフルに活用して便利な行政サービスの提供、迅速な課題解決ができるようになる必要があると考えます。その担い手が少しでも増えないだろうかと考え、本書の執筆に至りました。

　本書が、皆さんの行政機関の情報システムに関連した調達への挑戦の一助になることを祈ります。

目次

Chapter 1 ● ● ● ⬡

デジタル技術で行政の変革を　　　011

Chapter 2 ● ● ◆ ◆

どのような企業が
行政から評価されるのか？　047

Chapter **3** ● ● ● ●

公共調達の基礎　087

Chapter **4** ● ● ●

よりよい提案と開発のために　133

Chapter 5 ● ● ● ●

運用と保守　175

巻末付録 ● ● ● ●

調達仕様書での情報セキュリティ関連記載例　191

凡　例

　行政と取引をする上で押さえておくべき法令などの条文を掲載しています。

　その内容にきちんと目を通しておいてほしいHPのURLを掲載しています。

※条文中の漢数字は、リーダビリティを重視し、算用数字にしています。

Chapter 1 ●●●

デジタル技術で
行政の変革を

本章では、行政機関でのデジタル改革、デジタル・トランスフォーメーション（DX）の動向、その象徴的な存在であるデジタル庁が令和3年9月1日の発足に至る経緯、行政機関でなぜデジタル改革が必要になり、行政DXを推進するようになったのかについて解説します。

1.1 進む行政機関のDX化

　行政機関においてもDXの推進が強化されつつあります。これによって、これまでとは異なる技術・方法論などを活用することを仕様・要件とした行政情報システムの調達が増え、これまで手掛けてこなかった企業の新規参入機会が増えていくと考えられます。その機会を生かし、行政機関の調達で受注数を増やしていくにはどのようなことが肝となるでしょうか。

　これについては、どのビジネスにも当てはまりますが、**円滑なコミュニケーション**こそが行政機関との調達においても重要です。そのため、本書では皆さんが行政機関と一緒に仕事をしていく上で円滑な関係を築くために必要となる、ある意味共通言語またはルールとして欠かせないデジタル化および情報システム関連の法令など（法律・政令・省令・条例・規則・規定）について解説するとともに、その変化についても触れておきます。これらの法令の中には皆さんの事業について規制となる部分もありますので、しっかりと押さえておく必要があります。

　法令などの変化（改正、廃止、新法作成）は、法治国家においては厳しい審査、議会での議論を経る必要があるためかなりの大ごとであり、行政機関におけるデジタル改革の重要性を推し量ることができると思います。**特に規制改革に関連する内容は、皆さんの事業を行う上でボトルネックになっている要因を取り除く内容や発展に貢献したりするものもあります。**

　これらを皆さんが知ることは、行政機関が抱える課題の本質的な理解の助けとなり、ひいては課題解決につながる情報システムの在り方を検討し提案していくのに役立つはずです。したがって、デジタル改革が必要になった背景を知っておくことは、行政機関と仕事をする上で不可欠です。次節では、これについて詳しく解説していきます。

1.2 なぜデジタル改革が必要となったのか？

　新型コロナウイルス感染症の流行は、さまざまな社会課題をより鮮明に浮き彫りにしました。行動変容、ステイホームの推奨による働き方の変革に迫られ、情報通信技術の活用によるテレワーク、オンライン会議などを中心としたデジタル化だけでなく、そもそもの業務フロー、仕事のやり方自体の変革、DXの実行がさまざまな団体・組織で始まっています。

1.2.1　新型コロナウイルス感染症が明らかにした課題

　令和2年9月23日、流行の第3波に備えるべきという意見が多くなる中で、政府はデジタル改革関係閣僚会議を開催し、新型コロナウイルス感染症対策で浮かび上がった問題を軸に、デジタル化の現状・課題について議論がなされました。

　諸外国においては各行政機関がスマートフォン上で新型コロナウイルス感染症対策を支援するために、次ページに挙げたようなさまざまなアプリケーションやサービスを開発し、感染拡大防止、医療物資や医療体制などの現状把握を軸とした医療崩壊防止の具体策が講じられましたが、令和2年春以降、日本でもスマートフォン上でBluetoothを利用した接触確認アプリの開発や給付金の支給をはじめとした情報通信技術を活用してのさまざまな取り組みがなされました。

　しかし、諸外国での成果と比べて期待されたほどの効果を得られなかったことが明らかになります。

　そこで、デジタル改革関係閣僚会議では新型コロナウイルス感染症拡大により浮き彫りとなったデジタル化への課題、喫緊に取り組むべき事項、諸外国のデジタル関連組織の体制についての論点整理が行われました。

	■ アメリカ	■ イギリス	■ シンガポール	■ エストニア
政策的意思決定	**USDS** U.S. Digital Service　**大統領府／政府CIO**　500人	首相府	スマートネーション&デジタルガバメントオフィス	ガバメントオフィス
政府全体の開発標準ルール	**GSA** U.S. General Services Administration 共通サービス庁	**GDS** Government Digital Service	**GovTech** Government Technology Agency	経済通信省 国家情報システム局
共通システム開発・調達・運用	**GSA18F** 民間企業型モデル	内閣直結　1,700人	情報通信省傘下だが実質独立　1,800人	情報システムセンター

発注 ▲ ／ ▼ 提供　支援 ▼　支援 ▼　支援 ▼

各省システム開発・調達・運用	各　省

主な組織と役割

USDS:
- 政府直属のタスクフォースとして、政治的関心の大きいプロジェクトの推進を担当
- CIOに戦略策定をコンサルティング

GSA:
- 各省からプロジェクトを受注
- オープンデータの推進などを通じて各省のIT担当を啓蒙するファシリテーター

GDS：
- Cabinet Office（内閣府）のデジタル戦略策定を支援
- 政府のデジタルサービスの設計と開発支援
- 政府の各種プラットフォーム・サービスの運用
- 各種企画・指針の整備
- 政府への助言・情報提供

GovTech：
- 省庁横断的な基盤構築や全体のセキュリティ構築など
- 各省の取り組みの側面支援として、調達やプロダクトデザイン、技術支援、PJ管理、ベストプラクティスの蓄積など

経済通信省（国家情報システム局）：
- 国の情報システムの開発と管理を調整
- 情報セキュリティに関連する活動を企画、コンピュータネットワークで発生したセキュリティ問題を処理

情報システムセンター：
- 情報システムの運用および他省庁への技術支援を実施する外郭組織

出典 デジタル改革関係閣僚会議「デジタル化の現状・課題」をもとに作成
URL https://www.kantei.go.jp/jp/singi/digital_kaikaku/dai1/siryou.pdf

具体的には、新型コロナウイルス感染症対策では3密（密閉空間、密集場所、密接場面）回避の推進がなされているにもかかわらず、オンラインで業務を行う環境が十分に整っていない場合や、国と地方公共団体間でシステムやデータの連携がうまくいかないことで、緊密な業務連携が取れずに国民に対して不規則な対応となる場合などがあり、結果として国民に対して迅速かつ適切な対応が取れないといった課題が浮き彫りになったのです。

　また、行政機関においても、DX化を推進することで、これまでの仕事のやり方を大きく変えなければ、少子高齢化や生産年齢人口の減少による労働力人口（15歳以上の人口のうち、就業者と完全失業者を合わせた人口）の減少という社会課題に立ち向かえない状況にあります。

喫緊に取り組むべき事項

コロナで顕在化した課題への対応のため、行政の縦割りを打破するデジタル施策を展開

○ デジタル社会のパスポートたる「マイナンバーカード」のさらなる活用
- ■ 強靭な社会経済構造の一環として、**マイナンバーカード・マイナンバーを基盤と**したデジタル社会の構築を進める
  - **マイナンバーカードについての丁寧な説明・普及促進**
  - **各種免許・国家資格との一体化について検討**

○ 迅速な給付の実現
- ■ 給付金等における**デジタル手続き・事務処理・早期給付の実現**
- ■ **公金振込口座の設定**を含め、**預貯金口座とマイナンバーの紐づけのあり方**

○ コロナ禍での臨時措置の定着・拡充
- ● 臨時措置として取り入れた、テレワーク、学校、医療などのオンライン化を後退させることなく定着・拡充させていく

○ 国と地方を通じたデジタル基盤の構築
- ■ 各府省、地域でバラバラとなっている**情報システムの標準化・共通化**や、**クラウド活用の促進**などを進める

▶ **多様な人材を集め、従来の役所とは一線を画した次のデジタル社会をリードする強い組織を立ち上げることが必要**

出典 デジタル改革関係閣僚会議「デジタル化の現状・課題」をもとに作成
URL https://www.kantei.go.jp/jp/singi/digital_kaikaku/dai1/siryou.pdf

しかし、既存の情報システムの使い勝手のまま、あるいは古い技術・方法論に固執しているままでは何も変わらず、社会課題に立ち向かうのも困難です。そのため、**行政DXを進め、新しい技術・方法論を適材適所で活用する必要があります。また、より少ない労力で業務や手続きが済ませられるよう効率化を図り、有益な情報システムを迅速かつ継続的にリリースできるよう社会変化への追従性・適応性を向上することが求められるようになったのです。**

1.2.2　デジタル庁創設へ

これらの課題を根本的に解決するため、行政の縦割りを打破し、大胆に規制改革を断行するための突破口として、デジタル庁を創設する指示がデジタル改革関係閣僚会議の場で菅義偉首相（当時）から出されました。

これにより、デジタル庁創設に向けた動きが本格化し、これまでの高度情報通信ネットワーク社会形成基本法（IT基本法）を中心とした関連法令の整理を行った上で、デジタル庁の設置を根拠づけ、**「誰一人取り残されない」「人に優しいデジタル化」** といった基本的な考え方の下でデジタル社会の形成に根差した法令**（デジタル改革関連法）** の整備が急ピッチで開始されました。

なぜ急ピッチだったかというと、法律の成立には国会における議論を経ての採決が必須であり、次の国会での成立を目指すのならば3カ月間程度しか法案作成時間がなかったためです。特にデジタル改革関連法案の中には大きく分けて6つの法案が含まれており、加えて関係する既存の法律が多数あるため、慎重かつ丁寧な対応が必要でした。

結果、紆余曲折はあったものの、令和3年5月12日に成立、同年5月19日公布、9月1日施行となりました。

デジタル社会の実現に向けた改革の基本方針の概要

デジタルの活用により、一人ひとりのニーズに合ったサービスを選ぶことができ、多様な幸せが実現できる社会、誰一人取り残されない、人に優しいデジタル化

⬇ デジタル社会形成の基本原則

 オープン・透明

 迅速・柔軟

 公平・倫理

 包摂・多様性

 安全・安心

 浸透

 継続・安定・強靱

 新たな価値の創造

 社会課題の解決

 飛躍・国際貢献

出典 内閣官房「デジタル改革関連法案について」をもとに作成

> 📖 **デジタル改革関連法案**

1. **デジタル社会形成基本法案　※IT基本法は廃止**
   - デジタル社会の形成の基本的枠組みを明らかにし、これに基づき施策を推進
2. **デジタル庁設置法案**
   - デジタル社会の形成に関する司令塔として、行政の縦割りを打破し、行政サービスを抜本的に向上
3. **デジタル社会の形成を図るための関係法律の整備に関する法律案**
   - 官民や地域の枠を超えたデータ利活用の推進、マイナンバーの情報連携促進など
4. **公的給付の支給等の迅速かつ確実な実施のための預貯金口座の登録等に関する法律案**
   - 国民にとって申請手続の簡素化・給付の迅速化
5. **預貯金者の意思に基づく個人番号の利用による預貯金口座の管理等に関する法律案**
   - 国民にとって相続時や災害時の手続負担の軽減等の実現
6. **地方公共団体情報システムの標準化に関する法律案**
   - 地方公共団体の行政運営の効率化・住民の利便性向上など

1.2.3　デジタル庁の「ミッション・ビジョン・バリュー」

　デジタル庁の設置の目的、任務、所掌事務（ある事務について管理司掌することであり、平易にいえば主な仕事のこと）や組織などについて定めた法律が**デジタル庁設置法**になります。

　デジタル庁設置法には、デジタル庁が行うべき仕事、仕事をするにあたって必要となる人員・組織体制が示されています。特徴的なのは、**内閣総理大臣がデジタル庁の長であること**です。前述の通り、新型コロナウイルス感染症対策においてさまざまな行政機関どうしの連携が効率的にできなかったことにより国民へ悪

影響（国民に対する給付金の遅配など）があり、縦割り行政の打破が掲げられていたことから、内閣総理大臣の強い権限の下での行政機関横断のデジタル改革を推進することが表れています。

　デジタル庁が担う仕事などはデジタル庁設置法に目を通すのが一番ですが、法令用語が多く並んでおり、一読しただけでは理解しにくいかと思います。そのため、デジタル庁では民間企業が自社紹介の1つとして示す「ミッションステートメント」のような形式で、わかりやすくデジタル庁が目指す方向性や行うべきことなどを自庁HPに紹介しています。

　皆さんがこれから行政機関に対して情報システムの提案を行っていくにあたり、行政機関が抱える課題に対してどのような姿勢、視点・視座で取り組むべきかのヒントがデジタル庁のミッション・ビジョン・バリューにあるので、ぜひ確認してみてください。

 参照 **デジタル庁のミッション・ビジョン・バリュー**
URL https://www.digital.go.jp/about/organization

ミッション

➡ **誰一人取り残されない、人に優しいデジタル化を。**

一人ひとりの多様な幸せを実現するデジタル社会を目指し、世界に誇れる日本の未来を創造します。

ビジョン

➡ **優しいサービスのつくり手へ。**

国、地方公共団体、民間事業者、その他あらゆる関係者を巻き込みながら有機的に連携し、ユーザーの体験価値を最大化するサービスを提供します。

➡ **大胆に革新していく行政へ。**

高い志を抱く官民の人材が、互いの信頼のもと協働し、多くの挑戦から学ぶことで、大胆かつスピーディーに社会全体のデジタル改革を主導します。

バリュー

➡ 一人ひとりのために

私たちは、この国とともに歩む人々の利益を何よりも優先し、高い倫理観を持ってユーザー中心のサービスを提供します。声なき声にも耳を傾け、一人ひとりに寄り添うことで、誰もがデジタルの恩恵を受ける社会をつくります。

➡ 常に目的を問い

私たちは、前提や慣習を前向きに疑い、世界に誇れる日本を目指し、新しい手法や概念を積極的に取り入れます。常に目的を問いかけ、「やめること」を決める勇気を持ち、生産性高く仕事に取り組みます。

➡ あらゆる立場を超えて

私たちは、多様性を尊重し、相手に共感し、学び合い補い合うことによって、チームとして協力して取り組みます。また、相互の信頼に基づいて情報の透明性が高い、オープンで風通しのよい環境をもとに、自律して行動します。

➡ 成果への挑戦を続けます

私たちは、過度な完璧さを求めず、スピーディーに実行し、フィードバックを得ることで組織として成長します。数多くの挑戦と失敗からの学びこそがユーザーへの提供価値を最大化すると信じ、先駆者として学びを社会へと還元しながら、成果への挑戦を続けます。

1.3 デジタル改革関連法と組織間連携

国の行政機関（府省庁）間だけではなく、国と地方公共団体および地方公共団体どうしの連携でも同様の課題がありました。特に地域・組織（各行政機関）間で横断的に、データが十分に連携・活用できていないことが大きな課題となりました。なぜこのようなことが起きたのでしょうか。

1.3.1 法治主義と成文法

データが十分に連携・活用できていない理由を考えるにあたり、まず「法治主義（法律による行政の原理）」という聞き慣れない言葉を知る必要があります。

日本が法治国家であることは皆さんもご存じかと思います。法治主義とは、行政はどんな事情があっても独断で行うことは禁止され、法律を守る行動のみ許されることをいいます。そのため、**行政は、行政機関独自の判断で行動してはならず、国民の代表である議会が定めた法律に従ってのみ行動しなければならないことになります。**

個人の思いだけで、その場の雰囲気に流されて勝手気ままに自由に行政を行っていたのでは、公平性・公正性の観点からだけでなく、いろいろと怖い世の中になってしまう危険性もあることは想像に難くないでしょう。

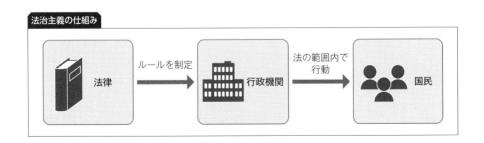

法治主義の仕組み

法律 → ルールを制定 → 行政機関 → 法の範囲内で行動 → 国民

また、**日本では実際に文書として制定されているものに基づく「成文法」が原則となり、憲法、法律、政令、条約、条例などがそれにあたります。**成文法である国の法令では、書かれたことにはすべて意味があるのが原則であり、逆にいえば、書かれていないことには意味がないことになります。

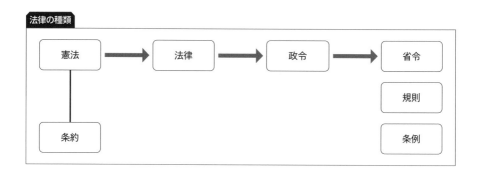

法治主義と成文法の原則を踏まえると、各行政機関がそれぞれ取得した住民に関する情報は、その取得の際の目的、そして取得根拠となる法令などに記載された内容以外での利用ができないことになります。そのことが地域・組織（各行政機関）間で横断的にデータが十分に連携・活用できなかったことに大きく影響したものと考えられます。

法的根拠のない、情報の目的外利用を行うと情報セキュリティ上の問題になるだけでなく、法令違反となるおそれもあり、たとえば各現場の行政職員の判断だけで新型コロナウイルスに関連するデータを勝手に連携・活用することはできず、この何年か現場はもどかしい状況であったと推察されます。

この考えは、近代法治国家の原則としては正しいわけですが、行政職員の行動原理が明確になるという長所を有する反面、弾力性に欠けるという以前からの課題が新型コロナウイルス感染症対策の中でより明らかになったともいえるでしょう。

1.3.2 デジタル改革に法的根拠を

　前項までの現状と課題を踏まえ、デジタル改革関連法の中では国と地方公共団体の責務などを改めて整理し、規定しています。これにより、**各組織間で共同で取り組むべき内容（組織間連携、データの標準化、情報システムの整備および管理など）の方針が明らかになり、課題克服に向けた法的根拠ができたことになり**ます。

　デジタル改革関連法に含まれる6つの法律のうち、中軸になるのが**デジタル社会形成基本法**です。この法律は、「誰一人取り残されない」「人に優しいデジタル化」といった考え方の下、デジタル社会の形成に向けた基本理念、施策の策定に係る基本方針などを定めたものになります。

　法的根拠ができたことにより、デジタル技術を活用しやすい土壌が形成されつつあります。本書の第2章で取り上げますが、行政機関における情報システムの調達の在り方にも変化をもたらしています。

　デジタル社会形成基本法における地方公共団体に関する条文としては、第14条で地方公共団体の責務を、第29条で情報システムの共同化または集約の推進などを規定しています。

　また、重点計画の内容を検討する中で地方自治に重要な影響を及ぼすと考えられる施策について定めようとするときは、地方公共団体からの意見を聞かなければならないと同法第37条第5項で規定しています。

☑ POINT

- **計画も環境変化に合わせて柔軟に**

　「デジタル社会の実現に向けた重点計画」（以下、「重点計画」という）は、デジタル社会形成基本法施行前の令和3年6月に最初の閣議決定がされており、同年9月のデジタル庁設置後に改めて内容が見直され、同年12月に再び閣議決定されています。さらに令和4年6月にも改定がありました。これらのこのことからわかるのは、計画自体も環境・状況に合わせて見直されることもある点です。このことは、いわゆるお役所仕事と揶揄されるものの1つである「一度決めた計画は変えない」からの変化、デジタル庁のバリューである「成果への挑戦を

続けます」を体現しているとも考えられます。今後も見直されていくこともあるので、都度、最新版をデジタル庁のHPで確認するようにしましょう。

URL https://www.digital.go.jp/policies/priority-policy-program

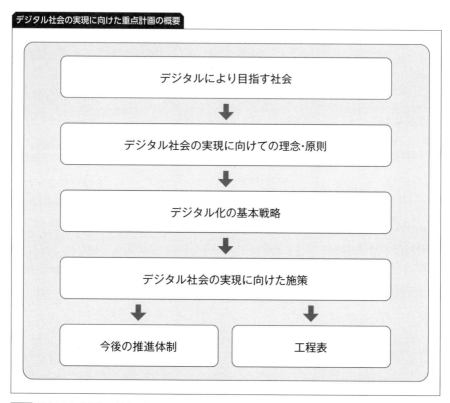

出典 デジタル庁「デジタル社会の実現に向けた重点計画」
URL https://www.digital.go.jp/policies/priority-policy-program/

　これまでも地方公共団体の一部では情報システムの共同利用などが行われてきましたが、効果の出ている取り組みは少なく、日本全国を見渡した場合には必ずしも十分な対応とはいえない状況でした。加えて、地方分権の観点から各地方公共団体の住民や地域などの特性に応じた業務に個別最適化された情報システムを構築する傾向が強いという特徴がありました。

また、同一地方公共団体内でさえ、異なる組織（局・部・課・室・係）の情報システムごとの連携で苦労する場合もあり、異なる地方公共団体間ではより一層連携がしにくくなるのは当然です。これは国の行政機関どうしでも同様です。

　しかし、前述のデジタル社会形成基本法では、次に挙げる条文を根拠として課題解決に向け、全体最適となる取り組みが始まり、今まさに大きな変化の渦中にあるのです。

📖 デジタル社会形成基本法（抜粋）

（目的）

第2条　この法律は、デジタル社会の形成が、我が国の国際競争力の強化及び国民の利便性の向上に資するとともに、急速な少子高齢化の進展への対応その他の我が国が直面する課題を解決する上で極めて重要であることに鑑み、デジタル社会の形成に関し、基本理念及び施策の策定に係る基本方針を定め、国、地方公共団体及び事業者の責務を明らかにし、並びにデジタル庁の設置及びデジタル社会の形成に関する重点計画の作成について定めることにより、デジタル社会の形成に関する施策を迅速かつ重点的に推進し、もって我が国経済の持続的かつ健全な発展と国民の幸福な生活の実現に寄与することを目的とする。

　行政機関どうしでの連携、行政機関で取り扱うデータの標準化、そして情報システムの整備および管理について、デジタル庁設置法第4条第2項のような条文があり、それらの政策企画立案そして全体方針の作成をデジタル庁が担う、すなわちリードしていく旨が読み取れます。つまり、**国全体のデジタル改革に関する司令塔としてデジタル庁があるとも捉えることができ、これも大きな変化の1つです。**

デジタル庁設置法（抜粋）

（所掌事務）

第4条2　12　複数の国の行政機関、地方公共団体その他の公共機関及び民間事業者が利用する官民データ（官民データ活用推進基本法第2条第1項に規定する官民データをいう。）に係るデータの標準化（情報通信技術を活用した行政の推進等に関する法律（平成14年法律第151号）第4条第2項第5号イに規定するデータの標準化をいう。）に係る総合的かつ基本的な政策の企画及び立案並びに推進に関すること。

13　外部連携機能（情報通信技術を活用した行政の推進等に関する法律第4条第2項第5号ロに規定する外部連携機能をいう。）に関する総合的かつ基本的な政策の企画及び立案並びに推進に関すること。

15　国の行政機関、地方公共団体その他の公共機関及び公共分野の民間事業者の情報システムの整備及び管理の基本的な方針の作成及び推進に関すること。

1.4 デジタル化に向けた具体的な取り組み

　法的根拠ができたことにより、行政機関においてデジタル改革を進める土台が整備されたことになります。

　しかし、法律は抽象度が比較的高い記述となっており、条文を見ただけではその中身がイメージできません。より具体的にどう取り組んでいくのかを知っておくと、皆さんの提案活動もしやすくなるでしょう。

1.4.1　情報システムの整備にあたって

　情報システムに関してのより具体的な取り組みについては、デジタル庁設置法第4条第2項15で作成することになっている「基本的な方針」の中で示すことになっています。本書執筆時点では、この基本的な方針は「情報システムの整備及び管理の基本的な方針（整備方針）」（令和3年12月24日　デジタル大臣決定）（以下、「整備方針」という）を指します。**整備方針も重点計画と同様に環境変化に合わせて見直しが行われることになっているので、この点にも注意が必要です。**

　重点計画に続いて、また新たなドキュメントが出てきました。これも、国・地方公共団体・独立行政法人などの情報システムの整備に関する調達に参加するにあたっては必読となります。

　整備方針本文はそれなりのボリュームがあり、読み通すのは一苦労です。そのため、「概要版」がいわゆるエグゼクティブサマリーになっているので、こちらから目を通したほうが理解しやすいかと思います。概要版の最初に整備方針の位置づけが示されており、体系的な整理による理解が可能となっています。

整備方針の位置づけ

　新重点計画などで示した「目指す姿」に向けて、国・地方公共団体・独立行政法人等の関係者が効果的に協働できるように、特に情報システムの観点から重要な方針（各組織・団体・分野での情報システムの整備および管理の基本的な方針）を示すもの。対象としている組織・団体・分野は次の通り。

- 国の行政機関
- 地方公共団体
- 独立行政法人
- 準公共分野

出典 デジタル庁「情報システムの整備及び管理の基本的な方針＜エグゼクティブサマリー＞」
URL https://www.digital.go.jp/assets/contents/node/basic_page/field_ref_resources/06
ecbaa1-128e-4435-856d-591adb3369ea/20211224_development_management_01.pdf

　整備方針では、「関係者が個々に努力するだけでは目指す姿を実現できない」とした上で、「デジタル庁自身が、特に4つの領域に注力し旧来の課題を解消するとともに、国・地方公共団体・独立行政法人等の関係者が効果的に協働できるようにする」と表現されているのが特徴です。

　「協働」という言葉はあまりなじみがないかもしれませんが、「同じ目的のために力を合わせて働くこと」を意味します。

1 良いサービスを
作るための
**標準の策定・
推進**

関係者が個々に努力するだけでは、目指す姿を
実現できない。デジタル庁自身が特に4つの領
域に注力し、旧来の課題を解消するとともに、
**国・地方公共団体・独立行政法人・準公共分野
等の関係者が効果的に協働**できるようにする。

目指す姿の実現、利用者視点での価値創出

デジタル庁は、各関
係者にとって利便性
の高い標準、共通機
能等となるように、
利用状況を踏まえて
継続的に改善を行う

**情報
システム**

- サービスデザイン
- UI
- データ
- セキュリティ
- ルール・進め方

**共通
機能**

- クラウド
- ネットワーク
- ベース・レジストリ
- ID・認証

体制・人材 体制強化、人材確保育成

ガバナンス ガバナンス手法

国の行政機関

地方公共団体

独立行政法人

準公共分野

2 良いサービスを
支える
**共通機能の
整備・展開**

3 緻密な改善を
実現する
体制強化

4 推進力を強化する
ための
**ガバナンス
手法の見直し**

出典 デジタル庁「情報システムの整備及び管理の基本的な方針＜エグゼクティブサマリー＞」をもとに作成
URL https://www.digital.go.jp/assets/contents/node/basic_page/field_ref_resources/06
ecbaa1-128e-4435-856d-591adb3369ea/20211224_development_management_01.pdf

デジタル庁設置法第4条第2項15に「民間事業者」が含められているのも大きな変化の1つです。

　デジタル庁では、生活に密接に関連していて国民からの期待が高く、国と民間が協働して支えている準公共サービスについても、その範囲に含めているためです。国による関与（予算措置など）が大きく他の民間分野への波及効果が大きい8分野を**準公共分野**に指定して集中して取り組むことになります。

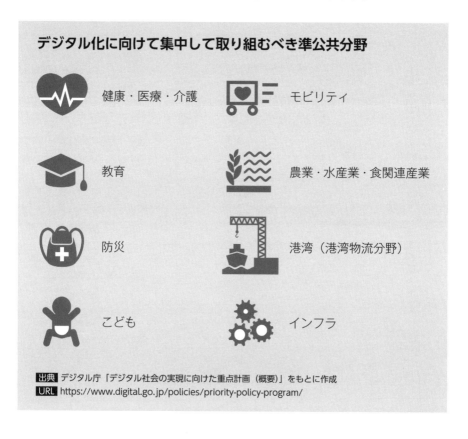

デジタル化に向けて集中して取り組むべき準公共分野

健康・医療・介護	モビリティ
教育	農業・水産業・食関連産業
防災	港湾（港湾物流分野）
こども	インフラ

出典 デジタル庁「デジタル社会の実現に向けた重点計画（概要）」をもとに作成
URL https://www.digital.go.jp/policies/priority-policy-program/

　準公共分野という聞き慣れない言葉ですが、皆さんの生活の中でも身近で重要な分野であり、いかにしてこれらについてデジタルを活用してよりよくしていくかにフォーカスが当たったことになります。

✔ POINT

- **整備方針をまずは読んでみよう**

  皆さんの関心は、自らのビジネス、特に行政機関における情報システムの整備関連のビジネスにどれだけ参入できるか、どうやっていけばその機会を増やすことができるかだと思われます。そういった意味では、国全体でどのような情報システムの整備が行われていくかについては、これまでに紹介してきたドキュメントの中でも整備方針によく示されていると思います。情報システムの整備そのものよりも抽象度の高い方向性などの内容について知りたい場合は、重点計画を適宜参照することをお勧めします。

1.4.2 公共サービス基本法とは何か？

デジタル改革関連法の中には含まれませんが、あらゆる公共サービスに通ずる内容をまとめた法律「**公共サービス基本法**」について少し触れておきます。これを知っておくことで、今後、**行政機関向けの情報システムに携わっていくときに、そもそも何のための情報システムなのかに立ち返るときのよりどころになるで しょう。**

📖 公共サービス基本法（抜粋）

第1条　この法律は、公共サービスが国民生活の基盤となるものであることにかんがみ、公共サービスに関し、基本理念を定め、及び国等の責務を明らかにするとともに、公共サービスに関する施策の基本となる事項を定めることにより、公共サービスに関する施策を推進し、もって国民が安心して暮らすことのできる社会の実現に寄与することを目的とする。

第2条 この法律において「公共サービス」とは、次に掲げる行為であって、国民が日常生活及び社会生活を円滑に営むために必要な基本的な需要を満たすものをいう。（中略）

第3条 公共サービスの実施並びに公共サービスに関する施策の策定及び実施（以下「公共サービスの実施等」という。）は、次に掲げる事項が公共サービスに関する国民の権利であることが尊重され、国民が健全な生活環境の中で日常生活及び社会生活を円滑に営むことができるようにすることを基本として、行われなければならない。

一 安全かつ良質な公共サービスが、確実、効率的かつ適正に実施されること。

二 社会経済情勢の変化に伴い多様化する国民の需要に的確に対応するものであること。

　ここまでに取り上げた内容（公共サービス基本法を除く）はデジタル改革関連法の中の一部にすぎませんが、国全体でデジタル社会の形成を図るために必要な、これまで課題とされてきた内容を克服する準備とその環境が法的根拠をもって整ってきたことが理解できたのではないでしょうか。

　あとはこの環境を活用し、実際の社会生活の中でより具体的にどのようにして実行していくかが重要になります。

　つまり、デジタル改革の実行手段としての情報システムの整備の成否がクローズアップされることになり、これまでに取り上げた各課題の解決につながる皆さんの提案を各行政機関は渇望している状況にあるともいえるでしょう。

☑ POINT

- **デジタル庁の政策を確認してみよう**

　まだ議論・検討途中の内容もあることから変化は続くため、変化を利用したビジネスチャンスが増えることが期待できます。そのため、デジタル庁における政策動向を継続的に確認しておくと、ビジネス創出のヒントがつかめるかもしれません。

　URL https://www.digital.go.jp/policies

1.4.3 抜本的な改革に向けての取り組み

　前項ではまだ議論・検討途中の内容もあると述べましたが、それが下図の中央右側の「国・地方の構造改革」の「デジタル臨時行政調査会」になります。

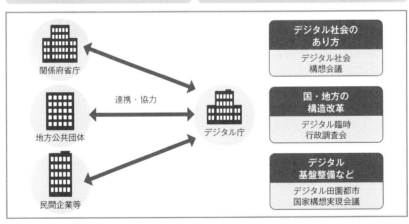

デジタルにより目指す社会の姿

デジタル社会の目指すビジョン

- 「デジタルの活用により、一人ひとりのニーズに合ったサービスを選ぶことができ、多様な幸せが実現できる社会」（「デジタル社会の実現に向けた改革の基本方針」（令和2年12月25日））
  → 「誰一人取り残されない、人に優しいデジタル化」を進めることにつながる。

「目指す社会の姿」を実現するために　以下①～⑥が求められる

①デジタル化による成長戦略

②医療・教育・防災・こどもなどの準公共分野のデジタル化

③デジタル化による地域の活性化

④誰一人取り残されないデジタル社会

⑤デジタル人材の育成・確保

⑥DFFTの推進をはじめとする国際戦略

関係府省庁

地方公共団体　連携・協力

民間企業等

デジタル庁

デジタル社会のあり方
デジタル社会構想会議

国・地方の構造改革
デジタル臨時行政調査会

デジタル基盤整備など
デジタル田園都市国家構想実現会議

上記①～⑥の実現に向けた進捗をはじめ、デジタル化の進捗を大局的に把握するための指標として、国民や民間企業の満足度や利用率などを設定。定期的に把握し、国民に提示することで、デジタル化を着実に推進

出典 「デジタル社会の実現に向けた重点計画（概要）」をもとに作成
URL https://www.digital.go.jp/policies/priority-policy-program/

「国・地方の構造改革」という観点については、地方自治法第1条をまず見ておく必要があります。

　第1条では、地方公共団体が住民の福祉の増進を図り、住民の身近な行政を行うことについて述べられています。また、住民に最も近い行政区画の中で最小の単位は市、町、村、および特別区の4種類があり、これを基礎自治体といいます。特に行政機関のうち、地方公共団体、とりわけ基礎自治体の情報システム関連の調達に参入したい場合には、押さえておくべき内容となります。

📖 地方自治法（抜粋）

（総則）

第1条　この法律は、地方自治の本旨に基いて、地方公共団体の区分並びに地方公共団体の組織及び運営に関する事項の大綱を定め、併せて国と地方公共団体との間の基本的関係を確立することにより、地方公共団体における民主的にして能率的な行政の確保を図るとともに、地方公共団体の健全な発達を保障することを目的とする。

第1条の2　地方公共団体は、住民の福祉の増進を図ることを基本として、地域における行政を自主的かつ総合的に実施する役割を広く担うものとする。

②　国は、前項の規定の趣旨を達成するため、国においては国際社会における国家としての存立にかかわる事務、全国的に統一して定めることが望ましい国民の諸活動若しくは地方自治に関する基本的な準則に関する事務又は全国的な規模で若しくは全国的な視点に立つて行わなければならない施策及び事業の実施その他の国が本来果たすべき役割を重点的に担い、住民に身近な行政はできる限り地方公共団体にゆだねることを基本として、地方公共団体との間で適切に役割を分担するとともに、地方公共団体に関する制度の策定及び施策の実施に当たつて、地方公共団体の自主性及び自立性が十分に発揮されるようにしなければならない。

　地方公共団体の行政職員と一緒に仕事をする場合には、地方分権改革の取り組みを知らずに臨むのは危険です。**特に各地方公共団体を十把一絡げで皆同じと捉えることは最もしてはなりません。**

　明治維新以来の国が地方のやることを考え、押しつけるという中央集権型の統

治システムでは、各地域の住民に寄り添ったサービスが行いにくいという問題がありました。

　その問題を打破し、地方の多様な価値観や地域の個性に根差した豊かさを実現するために住民本位の分権を進めてきました。そのため、保健福祉などといった本来地域特性を考慮しなければならない住民向け行政サービス（住民サービス）について、画一的なサービスとなるような提案はNGとなります。一方、住民票発行サービスのように、どこに住んでいても同一レベルでの住民サービスでよい場合もあります。

　したがって、特にコスト削減に重点を置いた地方公共団体をまたいでの情報システムの共用化では、**システムの実装過程において地域特性を考慮する必要があるかどうか、どこまでを共通化するか、もしくはしないかをコストとのバランスを考慮しながら検討すること**が重要になります。

　デジタル改革関連法が施行されたとはいえ、地域密着型の住民向け行政サービスは、その地域のことを一番よく知っていて経験豊富な地方公共団体が主導して行うことに変わりはありません。パンデミックだけでなく、台風や地震などによる広域災害を考慮した場合は、1つの地方公共団体だけでは対応が困難となる場合も増えており、近隣の地方公共団体どうしでの連携、そして国との連携によって住民を保護する必要があります。地方自治そのものの在り方を尊重しつつも、有事の際の課題などをどのようにデジタルを活用して解決していくかがカギとなるのです。

　また、各地域の住民の福祉の増進を図りつつ、個人や事業者がデジタルを活用するなどして新たな付加価値を創出しやすい社会になることで、地域経済および国の発展を目指すことも重要です。

　以上のようなことを踏まえ、より抜本的な改革を国全体で行う、つまり規制改革、行政改革およびデジタル改革を一体となって行うための会議体として、内閣総理大臣を会長とする**デジタル臨時行政調査会**が開催される運びとなりました。

 参照 **デジタル臨時行政調査会**
URL https://www.digital.go.jp/councils/

　令和3年11月16日にデジタル臨時行政調査会の第1回目が開催され、我が国全体のデジタル化の遅れ、コロナが浮き彫りにした構造的課題、そしてデジタル

臨時行政調査会の目的などの論点整理とともに、デジタル時代の規制・制度の見直しについて議論が行われました。

　規制・制度は新しいことを行っていく上でのボトルネックとなる部分でもあり、時代の流れに伴って変化する環境に追従できていない部分でもあります。これから行政機関の情報システムに参入する際の障壁も既存の規制・制度に含まれている場合があり、これらが撤廃または緩和されれば、皆さんのビジネスチャンスが広がることでしょう。

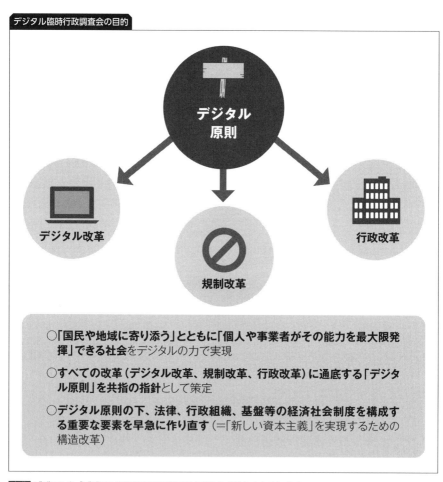

デジタル臨時行政調査会の目的

○「国民や地域に寄り添う」とともに「個人や事業者がその能力を最大限発揮」できる社会をデジタルの力で実現

○すべての改革（デジタル改革、規制改革、行政改革）に通底する「デジタル原則」を共指の指針として策定

○デジタル原則の下、法律、行政組織、基盤等の経済社会制度を構成する重要な要素を早急に作り直す（＝「新しい資本主義」を実現するための構造改革）

出典 デジタル庁「デジタル臨時行政調査会における論点（案）」をもとに作成
URL https://www.digital.go.jp/assets/contents/node/basic_page/field_ref_resources/33ba342e-840b-4bbc-b18a-ee6848f9e5d9/20211116_meeting_extraordinary_administrative_research_committee_05.pdf

1.4.4　自治体デジタル・トランスフォーメーション

　デジタル改革関連法には6つの法律が含まれていると紹介しましたが、その中に「**地方公共団体情報システムの標準化に関する法律**」があります。

　地方公共団体の行政運営の効率化・住民の利便性向上などを目指して地方公共団体の基幹系情報システムについて、国が基準を策定し、その基準に適合した情報システムの利用を求める法的枠組みを構築することを目的としています。

　日本国内のどこに住んでいても国民として質の高い住民サービスを公平に受ける、すべての国民がデジタル化の恩恵を分け隔てなく受けられるようにする、そして地方自治法第2条⑭を踏まえて国民が納めたお金（主に税金）を適切に活用して重複するコストを抑え、その抑えた分のお金をより必要とされる住民サービスや国として重要な施策に充てるという意味で重要です。

📖　地方自治法（抜粋）

第2条⑭　地方公共団体は、その事務を処理するに当つては、住民の福祉の増進に努めるとともに、最少の経費で最大の効果を挙げるようにしなければならない。

📖　地方公共団体情報システムの標準化に関する法律（抜粋）

第1条　この法律は、国民が行政手続において情報通信技術の便益を享受できる環境を整備するとともに、情報通信技術の効果的な活用により持続可能な行政運営を確立することが国及び地方公共団体の喫緊の課題であることに鑑み、地方公共団体情報システムの標準化に関し、基本理念を定め、並びに国及び地方公共団体の責務を明らかにするとともに、基本方針及び地方公共団体情報システムに必要とされる機能等についての基準の策定その他の地方公共団体情報システムの標準化を推進するために必要な事項を定め、もって住民の利便性の向上及び地方公共団体の行政運営の効率化に寄与することを目的とする。

地方公共団体においてデジタル・トランスフォーメーション（自治体DX）を進める中では、地方公共団体情報システムの標準化に関する法律の目的に沿って前項までに挙げた課題を克服するために、中立の立場で全体最適となるよう、**業務改革（BPR：Business Process Reengineering）を行うこと**が重要となります。

　また、整備方針の中でも一丁目一番地のような重みづけとして、最初に**「サービスデザイン・業務改革（BPR）の徹底」**が取り上げられています。

　単純にITツールを導入する、これまでの業務をこれまで通りのやり方を踏襲してデジタル化する、個別最適な業務や仕事のやり方に固執していたのでは、真の意味で地域に暮らす住民の満足度を向上させることはできないでしょう。

　行政機関で既存情報システムがある場合のリニューアル（更改）調達の場合は、既存ベンダーは既存のシステムアーキテクチャや開発手法（たとえばオンプレミス）に固執する傾向があり、行政機関が必要とする本質的な改善を迅速かつリーズナブルに行うことは難しいのではないでしょうか。

　以上のようなことを踏まえ、各自治体でどのようにして自治体DXを進めていくかが総務省で議論され、**「自治体DX推進計画」**が令和2年12月25日に公開されています。

　この計画の中では、自治体におけるDXの推進体制の構築について触れた上で、具体的に取り組むべき事項やスケジュールなどが示されています。

　これから自治体DX関連の情報システムの調達に参入を検討している方は、自治体DXの全体感をつかみ、どういった切り口で提案活動を行うべきかを知る上で参考になりますので一読されることをお勧めします。

総務省「自治体DX推進計画」の目次（抜粋）

3. 取組事項

3.1 重点取組事項
- （1）自治体の情報システムの標準化・共通化
- （2）マイナンバーカードの普及促進
- （3）自治体の行政手続のオンライン化
- （4）自治体のAI・RPAの利用推進
- （5）テレワークの推進
- （6）セキュリティ対策の徹底

3.2 自治体DXの取組みとあわせて取り組むべき事項
- （1）地域社会のデジタル化
- （2）デジタルデバイド対策

3.3 その他（※デジタル・ガバメント実行計画記載の事項）
- （1）BPRの取組みの徹底（書面・押印・対面の見直し）
- （2）オープンデータの推進
- （3）官民データ活用推進計画策定の推進

※デジタル・ガバメント実行計画は、デジタル社会の実現に向けた重点計画に統合されています。

URL https://www.soumu.go.jp/main_content/000726905.pdf

ただし、**この計画はあくまでも総務省が作成し公表したものであり、実際にどのようにして進めるかについては各自治体の判断にゆだねられています**。その理由は、この計画の位置づけが地方自治法第245条の4に基づく技術的助言であるためです。つまり、住民に身近な行政を担うのは自治体（とりわけ市区町村）であるため、この計画において総務省が自治体に対してできることは助言にすぎず、それを聞き入れるかどうか、どのように解釈・判断して行動するかは各自治体の責任や創意工夫によるところとなります。

しかし、前項までに取り上げた大きな課題もあり、国民の生活基盤を支える住民サービスを提供する自治体においてDXが必要とされる中にあっては、課題解決に向けて個別最適では限界が出てしまうものもあります。個別最適から全体最適となるほうが国民のためになるよう、業務の効率化、そしてコスト適正化が望めるものについては、国と各自治体が協力し合うことが重要です。

そして、どのようにして国と各自治体が協働していくかに焦点が当たり、自治体が重点的に取り組むべき事項・内容を具体化するとともに、総務省および関係省庁による支援策などを取りまとめたのが自治体DX推進計画となります。

　各自治体が、自治体DX推進計画を踏まえて、着実にDXに取り組めるように先行的な自治体の取り組みなどを含め、より具体的なDXの進め方について4つの手順書を総務省が取りまとめ、**「自治体DX推進手順書」**として第1.0版が令和3年7月7日に公開されました。

　これから自治体の行政情報システムの調達に参入を考えている方たちは、システム化の過程でDXを意識した内容とする場合には、自治体DX推進手順書を参考にするとよいでしょう。「第1.0版」とある通り、今後、適宜更新されていくので、最新版が公開されていないか総務省HPの地方行政のデジタル化を紹介するページを確認してください。自治体DX推進計画もこのページに掲載されています。

総務省「自治体DX推進手順書」
・自治体DX全体手順書【第2.0版】
・自治体情報システムの標準化・共通化に係る手順書【第1.0版】
・自治体の行政手続のオンライン化に係る手順書【第1.1版】
・自治体DX推進手順書参考事例集【第1.0版】
出典 総務省「地方行政のデジタル化」ページ
URL https://www.soumu.go.jp/denshijiti/

1.5 デジタル改革の原動力は人材にあり

　前節までは、行政機関において「なぜデジタル化が必要なのか？」について、その経緯・背景・課題、そしてデジタル改革関連法の成立とそれらからもたらされる変化について解説しました。

　しかし、既存の行政機関の職員だけでは課題の解決は難しいと考えられます。特にデジタル改革を支える情報技術の進歩は目まぐるしく、また、個々の技術の組み合わせも多様であり、業務目的に合わせてその中から適切な技術を選ぶのは、ITリテラシーを持たない行政職員にとって困難です。もちろん行政職員の中にも情報技術に明るい方もいますが、非常に少数です。

　また、情報システムが整備されるなど仕事をする環境が整ったとしても、結局、責任を持って仕事を完遂する役目は人間が担います。ここでは、デジタル改革を進める上で必要な要素について解説します。

1.5.1　民間人材の活用

　デジタル庁発足にあたり、令和3年1月から民間人材の求人が開始され、順次採用者数を増やしていくという発表がありました。本書執筆時点でも採用活動が継続して行われています。

　手段や技術を生み出し、活用し、それらを組み合わせてさらに新しい価値を創造する担い手は人間です。特に進歩が早い情報通信技術の分野では、強化学習によるAIの進展や、5Gによるモバイル通信の高度化をはじめとしたさまざまなイノベーションが起き、便利なサービスが続々と出現しています。

　一部の行政機関でも先進的な技術を利用し、新たな行政サービスの試みをしている場合もありますが、日本全国を見渡した場合は、必ずしもすべての国民が便利な行政サービスの恩恵を受けることができていないことは、前節までに取り上げた課題の通りです。特に新型コロナウイルス感染症の流行のような有事の際に

は迅速な対策だけでなく、状況の変化に応じた柔軟な対策も必要となります。

　情報通信技術を利用して行政サービスを迅速かつ柔軟に実施することを目指すにあたり、新たにハードウェアを購入し、その中にOSやミドルウェアをインストールしてからアプリケーション開発を行うオンプレミスでは時間がかかりすぎてしまいます。行政サービスを安全かつ十分に提供可能となるような情報セキュリティ対策の検討および処理性能のサイジングを行った上で、オンプレミスではなく、**クラウドサービスを借りてその上でアプリケーション開発の開始を迅速化すべき**です。

　また、有事の際には状況が激しく変化することもあり、それに伴ってシステムの処理性能を上げるために、サーバリソース（CPU、メモリ、ディスク）を迅速に増やす必要もあります。その際には、クラウドサービスの柔軟にリソースを追加できるという特徴を生かすことができます。

　アプリケーション開発においてもアジャイル開発を取り入れるだけでなく、CI/CD（Continuous Integration/ Continuous Delivery）といった自動化による開発の効率化も求められます。総務省の『令和3年 情報通信白書』によれば、クラウドサービスを一部でも利用している民間企業の割合は、2020年で68.7%に達しています。2016年が46.9%でしたので、4年間で21.8ポイントも上昇したことになります。しかし、行政機関における情報システムの開発においては、クラウドサービスを利用する割合は民間企業と比べてかなり低い状況にあります。

　また、アジャイル開発手法の活用についても民間企業と比較すると不十分な状況にあります。そのため、行政機関の情報システムは非常に使いにくかったり、動作が重かったり、新機能のリリースがタイムリーでなかったりするというのが実情です。したがって、クラウドサービスやアジャイル開発手法の活用が得意な方は、今後の行政機関での情報システム関連の調達において優位に立てる可能性が高いです。

1.5.2　「行政の実務」を理解した人材を目指す

　単純に新しい技術や手法を行政サービスで利用すれば、課題が解決されるとは限りません。行政機関が業務で達成すべき目標、行政サービスのそもそもの目的、行政サービスを利用する国民の期待などを考慮し、最も効果的かつ効率的かつ経

済的に成果を上げられるような技術や手法の採用を検討することが必要です。つまり、適材適所で道具・手段の選択ができる人材が必要となります。けれども、いわゆる目利きのようなことを行政職員が一朝一夕に習得できるものではないので、デジタル庁をはじめとした中央官庁だけでなく地方公共団体でも情報通信技術分野での民間人材の採用が活発化しています。

　もともと所属している民間企業に籍を置いたまま、週の何日かを行政機関の職員として働き、残りの日を所属元の民間企業で働くという副業（兼業）も可能になっている場合があり、いわゆる官民での**回転ドア（リボルビングドア）方式による人材採用も増えつつあります**。そのため、行政機関での経験が乏しい場合には、こういった採用を活用してまずは経験を積んだ上で、システム開発の受託を目指すのも選択肢の1つになるでしょう。

　皆さんは情報通信技術分野には通じていますが、行政機関の業務内容やサービスについての知識（根拠法は何か、業務フロー・プロセスはどうなっているか、現場での実際の処理はどうするのかなど）は十分ではないかと思います。いわゆる業務のプロは行政職員そのものになります。必要なのは行政の実務の現場で情報通信技術を適材適所で活用し、国民のためになるサービスを提供可能にすることです。その上で、行政職員の労務負荷を下げ、コストの適正化も図らなければなりません。すなわち、行政職員、民間人材それぞれの得意分野を尊重し合い、補完し合いながら同じ目的のために力を合わせて働くという協働が大切です。

　また、行政情報システムの開発などを受託した事業者においても、行政情報システムが果たすべき役割と達成すべき目的のために行政側の調達担当者と協働しなければ、国民の期待に応えた質の高い行政サービスの提供は難しいでしょう。

　したがって、情報システムやツールを提供するベンダーとしてではなく、**行政職員と協働して国民のための行政サービスの提供、業務遂行の一役を担う存在、行政のデジタル改革を推進する人材の一員であると思って提案に臨むことでよりよい評価を得やすくなります**。

　付け加えると、皆さん自身も行政情報システムによる行政サービスを受ける立場、つまりユーザーの一人という観点から提案内容を考えると、さらなる評価を得られるでしょう。

☑ POINT

- **DX推進の本気度は行政機関の体制確認から**

    予算の制約などもありすべてに当てはまるわけではないですが、1つの指標として小手先のITツール導入だけで済まそうとしているのか、そうではなく業務内容の見直しや仕事のやり方を本質的に変えようとしているのかは、DXの専任人員、DX推進担当部門が配置されているかどうかである程度推し量ることができる場合があります。

「**自治体DX全体手順書**」においても、DX推進体制の整備の一環として、自治体内にDX推進担当部門の設置を促しています。この中では、DX推進担当部門の役割はこれまでのいわゆる情室（情報システムの構築・維持を主体とした室）と異なる役割が必要であるとしています。

自治体DX全体手順書【第2.0版】（抜粋）

（1）DX推進担当部門の設置

　自治体においてDXを円滑かつ強力に推進するためには、DX推進担当部門の設置が必要である。DX推進担当部門には、積極的にデジタル技術やデータを活用して自治体行政を変革していくDXの司令塔として、企画立案や部門間の総合調整、全体方針や個々のDXの取組の進捗管理等を行うことが期待される。

　こうした役割は、従来の情報政策担当部門が担ってきた情報システムの構築・維持管理に係る業務や情報セキュリティに係る業務とは異なるものである。情報政策担当部門が担ってきた業務を引き続き適切に実施する必要があること、DX推進担当部門の役割・業務の重要性を踏まえると、DX推進担当部門は情報政策担当部門と別に設けることが望ましい。

`URL` https://www.soumu.go.jp/main_content/000835172.pdf

　また、組織を支える人材の観点で「DX推進のための人材育成」として各自治体での職員の人材育成、「外部人材の活用」の2つの項目について「自治体DX全体手順書」の紙面をかなり割いているので、人材の重要度を推し量ることができるでしょう。

このような人材、そして体制が整備されていると、より本質的なDX推進が可能な状況になっているともいえるのです。

1.5.3　注目すべき知識・スキル

前項ではDX推進には人材が必要不可欠であることに触れました。有事の際の対応だけではなく、目まぐるしく変化する社会環境の変化に追従し、タイムリーに適材適所で行政サービスを国民に対して提供することによって「誰一人取り残されない」「人に優しいデジタル化」を実現するために必要となる人材の知識やスキルなどは何であるか確認しておく必要があります。

人材に求められる知識・スキルは、一概に決め打ちできるものではないでしょう。**行政機関での業務や行政サービスの特徴に応じて求められるスキルは異なり、それ自体も多様であり、是々非々で考えるべき内容となります。**

さまざまな意見があるとは思いますが、本書執筆時点で著者が考える、行政機関での情報システム開発関連で重要視すべき実用的な知識・スキルは次の4つです。それぞれの具体的な解説は4.1を参照してください。

情報システム開発で重要な4つの知識・スキル

業務継続性	アジャイル開発	クラウドサービス利活用	データマネジメント

Chapter **2** ●●●

どのような企業が
行政から評価されるのか？

行政機関における調達のルールやプロセスなどの細かな内容に触れる前
に、本章では行政から高い評価を受けるためにまず押さえておきたいこと
を解説します。

これまで行政機関との間でビジネスをしたことがない場合には、本章の内
容をあらかじめ知っておくことでコミュニケーションがスムーズになります。
行政職員の行動原理に近い内容にも触れるので、初めて行政職員と一緒に
仕事をする際のカルチャーショックを和らげることにもつながるでしょう。

2.1 「提案」に効率よくたどり着くために知っておくべきこと

　行政機関の情報システム開発を受託するには、民間企業でのそれに至るまでのプロセスと異なるのは想像に難くないでしょう。とかくお役所仕事、縦割り行政などと揶揄（やゆ）されることもあり、皆さんの中には食わず嫌いでいる方もいらっしゃるかもしれません。

　ここでは、行政情報システムの提案の入り口で躊躇されている方たちの不安が少しでも払拭されるように解説を行いたいと思います。彼を知り己を知れば百戦殆（あやう）からずという故事もあるので、まずは知ることから始めましょう。

2.1.1 行政機関の基本的な考え方

　行政機関と一緒に仕事をする場合、何でもかんでもお役所の中の作法に従わなくてはならない、面倒だな、と思っている方も多いでしょう。しかし、アジャイルソフトウェア開発宣言でも「契約交渉よりも顧客との協調を」とあるように、行政職員も一緒に仕事を進めていく仲間として、仲間どうしが円滑にコミュニケーションを取り、**よりよいアウトプットをするための土台として行政機関特有の考え方を知っておくこと**が大切なのです。

　これから提案を行おうとしている行政側の業務内容を熟知している人は少ないでしょう。餅は餅屋、行政職員の経験とスキルをうまく引き出し、開発する情報システムが果たす役割を明らかにして業務目的の達成に必要な要件を煮詰めつつ、円滑なコミュニケーションを取りながら要件の抜け漏れ対策や課題・リスク管理を適切に行い、高品質な成果を得られるよう互いに力を合わせてください。

　また、行政へ提案するにあたり、行政側の情報システムの位置づけはどうなっているのか、どういったルールに基づいて情報システムを整備していくのかを知っておくことで、行政職員からより評価されやすくなります。せっかく高度な技術や豊富な経験を持っていても、それらをアピールする提案の場にたどり着か

なくては宝の持ち腐れになってしまいます。

　行政に対してビジネスを行っていくにあたり、次の2つのことをまず押さえておきましょう。

> ・目の前の案件もしくは情報システム化をもくろんでいる業務を規定する法令等は何か？
> ・公共調達における基本的枠組み、法令等がどうなっているか？

　この2つに共通するのは「法令等」になります。行政職員と一緒に仕事をする場合には「根拠は何か？」と確認されることがあり、この問いに答えられない場合、その後の提案活動がスムーズにいかないこともあります。

　ここでの行政職員がいう根拠とは、法令等を指すことがほとんどで、行政機関が公式に開く会議での構成員多数決で定められた文書（これを「決定文書」という）を含めることもあります。

　行政職員が根拠を求めるのは、第1章で触れた「法治主義（法律による行政の原理）」「成文法」、そして**「法令等遵守義務」があるためであり、行政職員の業務は法令等の根拠があるものに限られるからです**（いわゆる「お役所仕事」「縦割り組織」と揶揄されることの根源となる制約）。

2.1.2　「より効果的・効率的に」を全方位で考える

　行政職員が業務を遂行するために用いる情報システムでできるのは「法令等に基づいた業務の範囲内」のことになるため、情報システムの要件を検討していく上でも、業務を規定する法令等を確認しておくことが大前提となります。

　情報システム関連の調達であったとしても、行政職員の立場からすると、より効果的・効率的に業務を進めるために、行政職員自身の行動原理の根拠たる法令等の理解を一緒に仕事をする相手に対しても求めることがあり、仕様書などで提案者に対して業務の理解度を示す提案を行うような要件が設定されている場合もあります。

　たとえば、子ども・子育て支援の拡充のためにマイナンバー活用に関する情報

システムを作る際には、マイナンバー利用の中核となる「番号法（または番号利用法）」、マイナンバーを利用して行う業務そのものについての「子ども・子育て支援法」などを確認しておく必要があります。

とはいえ、提案に際して関係する法令等を隅から隅まで一言一句すべて覚える必要はなく、**行政職員には法令等遵守義務が課されていて職務遂行において根拠となる法令等からスタートするという考え方があることを念頭におき、そして法律を見るときには条数が若い箇所にある総則（特に目的、定義、基本的理念など）には目を通すようにしておくと、行政職員との会話も比較的スムーズになります。**

逆に、皆さんの得意領域である情報システムに関する技術の内容を中心とした会話だけを行政職員としてしまうと、IT関係に精通した一部の人を除き、たいていの行政職員は自分とは縁遠い話として捉えてしまいます。

結果、会話が続かない、ひいては一方通行で単純な製品紹介レベルで終わってしまい、こちらの提案を行政職員にまともに聞いて（見て）もらえず評価もしてもらえないという悲しい結末となるおそれがあります。

このようなことにならないよう、法令にある内容を軸に据えて提案してください。大切なことは、**あくまでも行政職員が業務で用いる、または行政サービスを国民に提供する情報システムであること、国民が納めたお金を使っていることを忘れないこと**です。たとえば、「子ども・子育て支援」に関する情報システムを提案する場合には、以下の法令にある内容を考慮して提案する必要があります。

 行政手続における特定の個人を識別するための番号の利用等に関する法律（抜粋）

（基本理念）
第3条1項1　行政事務の処理において、個人又は法人その他の団体に関する情報の管理を一層効率化するとともに、当該事務の対象となる者を特定する簡易な手続を設けることによって、国民の利便性の向上及び行政運営の効率化に資すること。

子ども・子育て支援法（抜粋）

（基本理念）
第2条3項 子ども・子育て支援給付その他の子ども・子育て支援は、地域の実情に応じて、総合的かつ効率的に提供されるよう配慮して行われなければならない。

　上記は一部でしかありませんが、子ども・子育て支援法第2条に「地域の実情に応じて」とあるように、さまざまな家庭・生活・経済環境下にある子どもたちを対象にする支援であること、子どもたちの扶養者も多様であることを考慮した上での情報システムのアクセシビリティ、ユーザビリティを提案する必要があります。場合によっては、インターネットへのアクセス環境がない家庭の対応も考慮する必要があるでしょう。

☑ POINT

- **法律の目的と基本的理念を押さえよう**
- **法律の総則以降は要件定義の詳細化時に参照しよう**

　法律を構成する要素で最初に記されている総則のうち、目的と基本的理念を読むと、自分がこれから提案を行う情報システムはそもそも何のために必要かがはっきりし、ぶれないゴール設定ができます。総則以降に書かれている細かい内容は情報システム化における要件定義の詳細化を進める際などに読んでおくとよりよい提案につながることもありますが、開発内容やプロジェクトの性質に応じて、どこまで押さえておくか検討するとよいでしょう。

2.2 「誰一人取り残されない」とはどういうことか？

　前節でアクセシビリティとユーザビリティという表現を用いました。これは、1.2.3で紹介したデジタル庁のミッション「誰一人取り残されない、人に優しいデジタル化を。」と、デジタル庁設置法第4条での地方公共団体との関係性に触れたことと関係します。より詳しくは1.3.2で紹介した重点計画の「第2 デジタルにより目指す社会の姿」を読むのが一番ですが、本文だけでも124ページもあるので、ここでは特に次の3点に絞って解説します。

- 持続可能な開発目標（SDGs：Sustainable Development Goals）
- サービスデザイン思考
- 行政サービスのオンライン化実施の3原則

　これらを念頭に置いて提案内容を検討していくと、より一層評価されやすくなると思われます。

　目の前の案件内容に絞って提案を考えるだけでなく、視野を広げて考えることが重要となります。 情報システムの発注元となる行政機関が果たすべきそもそもの役割および業務・行政サービスの根拠となる法令等、そして身の回りで起きている社会課題などにも気を配り、自分自身や家族、そして社会全体がよい方向に進んでいくことを想像しながら提案を検討していくと、調達を担当する行政職員にとっても納得感のある、より厚みのある内容となり、評価されやすくなります。

　特に、本書執筆時点で国の重要政策として掲げられている「**デジタル田園都市国家構想**」を軸にしたさまざまな施策が講じられるため、情報システムもそれに関連した案件が増えていくと推測されます。そのときに念頭に置いておくべきことが上記の3点になります。

　デジタル田園都市国家構想では、デジタルは地方の社会課題を解決するためのカギとして新しい価値を生み出す源泉として位置づけています。そのためにデジタルインフラを急速に整備し、官民双方で地方におけるDXを積極的に推進する

ことにより、「全国どこでも誰もが便利で快適に暮らせる社会」を目指しています。

　また、そのための指針として**「デジタル田園都市国家構想基本方針」**（令和4年6月7日 閣議決定）が策定されています。基本方針は、人口減少・少子高齢化、過疎化・東京圏への一極集中や地域産業の空洞化といった地方の社会課題を解決することに根差したデジタル技術活用についての広範な内容となっています。

　特徴的な取り組みとして、「スタートアップエコシステムの確立」があり、ベンチャー投資や社会的投資の拡充・強化、大学・高専等との連携などが掲げられています。この基本方針については、重点計画とあわせて参照することをお勧めします。

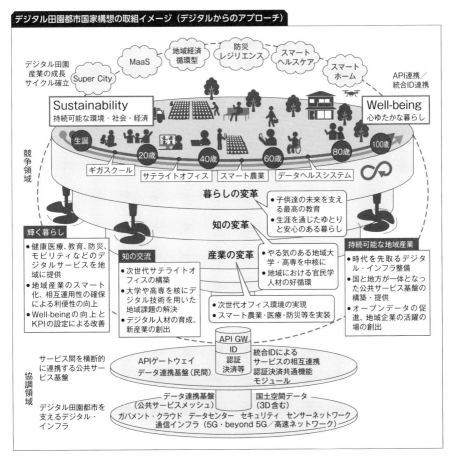

デジタル田園都市国家構想の取組イメージ（デジタルからのアプローチ）

出典 デジタル庁「デジタルから考えるデジタル田園都市国家構想」をもとに作成
URL https://www.cas.go.jp/jp/seisaku/digital_denen/dai1/siryou4.pdf

```
参照
```
デジタル田園都市国家構想基本方針
URL https://www.cas.go.jp/jp/seisaku/digital_denen/pdf/20220607_honbun.pdf

2.2.1　持続可能な国を目指して

　「持続可能な開発目標（SDGs）」は、さまざまな報道や媒体で見る機会があり、ご存じの方も多いでしょう。

　SDGsとは、2030年までに持続可能でよりよい世界を目指す国際目標です（外務省"Japan SDGs Action Platform"Webページより）。詳しくは外務省のHPを見ていただきたいのですが、SDGsは17のゴール・169のターゲットから構成され、地球上の「誰一人取り残さない（leave no one behind）」ことを誓っています。

　SDGsは発展途上国のみならず、先進国自身が取り組むユニバーサル（普遍的）なものであり、日本としても積極的に取り組んでおり、**「SDGsアクションプラン2022」**にまとめられています。

SDGsアクションプラン2022（抜粋）

Prosperity 繁栄：成長と分配の好循環

- 「デジタル田園都市国家構想」の実現を通じ、地域の個性を活かしながら、地方を活性化し、持続可能な経済社会の実現に取り組む。
- これまで進めてきた「SDGs未来都市」に加え、新たに複数の地方公共団体が連携して実施する脱炭素化やデジタル化に関する取組に対しても支援を行うことで、地方におけるSDGs達成に向けた取組を加速する。

出典 SDGs推進本部「SDGsアクションプラン2022〜全ての人が生きがいを感じられる、新しい社会へ〜」（令和3年12月）
URL https://www.mofa.go.jp/mofaj/gaiko/oda/sdgs/pdf/SDGs_Action_Plan_2022.pdf

---

　また、「SDGsアクションプラン2022」とは別に、内閣官房デジタル田園都市国家構想実現会議事務局および内閣府地方創生推進事務局では、次のようなSDGs

モデル事業を継続して行っています。「SDGsアクションプラン2022」の通り、「デジタル田園都市国家構想」を目指してさまざまな取り組みが今後も行われるものと思われるので、確認しておくと案件獲得機会を増やすためのきっかけ作りや提案の糧になるでしょう。

 参照 地方創生SDGs・「環境未来都市」構想・広域連携SDGsモデル事業
URL https://www.chisou.go.jp/tiiki/kankyo/index.html

SDGsのゴールとして「10 人や国の不平等をなくそう」「11 住み続けられるまちづくりを」といった、年齢や性別、障害、地域などによる差別や不平等をなくすことが掲げられています。これは、ユニバーサルデザインの基本的な考え方である「年齢や性別、障害の有無などに関係なく、誰にとっても便利で使いやすいようにデザインする」と強く関係します。

また、情報システム開発という観点からは、「SDGsアクションプラン2022」の中でもデジタル化がSDGs達成において必要であることが示されています。
このようにデジタル化の中でもユニバーサルデザインが重要視されており、アクセシビリティという観点から論じられることが多くなってきています。より具体的には、行政機関の情報システムにおいても最近はWebブラウザを介してアクセスするものが増えていることから、ウェブアクセシビリティをよりよいものにすることが求められています。

その際、次の総務省HPにある「みんなの公共サイト運用ガイドライン（2016年版）」など各資料を参考にしながら提案、設計、開発などを行っていくとよいでしょう。

参照 総務省「情報アクセシビリティの確保」
URL https://www.soumu.go.jp/main_sosiki/joho_tsusin/b_free/b_free02.html

2.2.2　サービスデザイン思考を活用する

　「サービスデザイン思考」は、行政における一連の業務を処理する情報システムの要件定義、設計などで有益な内容となります。重点計画においては、「業務改革（BPR）の徹底・システム改革の推進」の中で次のように記されています。

重点計画（抜粋）

業務改革（BPR）の徹底・システム改革の推進

　利用者から見たエンドツーエンドで事実を詳細に把握した上で、行政サービスの利用者と行政機関間のフロント部分だけでなく、行政機関内のバックオフィスも含めたプロセスの再設計を行い、各業務において、利用者がサービスを受ける際の最適な手法について検討を行う。その際、どのようなツールが使えるかという発想ではなく、情報システム整備方針に定めるサービス設計12箇条に基づき、利用者のニーズ、利用状況及び現場の業務を詳細に把握・分析した上で、あるべきプロセスを制度・体制・手法を含めて一から検討する。また、利用者視点の欠如、現状を改変不能なものと考える姿勢、慣習への無意識な追従などの「意識の壁」についても取り払っていくことを心掛ける。

URL https://www.digital.go.jp/policies/priority-policy-program

---

　すなわち、行政サービスを提供する業務プロセスのどこか一部分だけを切り取って情報システム化やツール導入をして部分的に対処するのではなく、行政サービスの利用者、行政サービスを支える情報システム、行政機関側の職員による業務処理などの行政サービス提供にあたって、**必要となる業務プロセスに含まれるものすべてを見渡し、最も効率的で効果的となるような抜本的な改革が必要である**としています。

行政サービスを支える情報システムを開発するにあたり、行政サービスの利用者である国民が納めたお金（税金または保険料）を利用するので、利用者中心にデザインするサービスデザイン思考を行政機関でも取り入れることとなります。これが「業務改革（BPR）の徹底・システム改革の推進」の中で示された「サービス設計12箇条」です。また、重点計画での情報システム整備方針とは1.4.1で紹介した整備方針を指します。

📖 サービス設計12箇条

第 1 条　利用者のニーズから出発する
第 2 条　事実を詳細に把握する
第 3 条　エンドツーエンドで考える
第 4 条　全ての関係者に気を配る
第 5 条　サービスはシンプルにする
第 6 条　デジタル技術を活用し、サービスの価値を高める
第 7 条　利用者の日常体験に溶け込む
第 8 条　自分で作りすぎない
第 9 条　オープンにサービスを作る
第10条　何度も繰り返す
第11条　一遍にやらず、一貫してやる
第12条　情報システムではなくサービスを作る

　行政機関でのサービスデザイン思考の代表例としては、「引越しワンストップサービス」が挙げられます。利用者が、民間事業者が提供する引越しに関する一連のサービスを受けながら、行政機関（自治体）および民間事業者等に対する引越しに伴う手続きを一括で行うことが可能となるような引越しポータルサイトの提供を行い、引越しに際しての煩わしい手続きが抜け漏れなく簡単に実現できることを目指しています。

引越しワンストップサービスの推進

図中のテキスト:

引越しを行う者
①利用者情報の登録
引越しに関するサービスの提供
②各種手続きの案内

引越しポータル
民間事業者が提供
利用者情報DB
利用者が登録した情報（利用者引越手続情報を含む）
各種手続きの案内
利用者引越手続情報
手続の受け手の一覧などの情報
受け手情報DB
行政関係手続情報DB
利用者の3情報、住所（新旧）、引越日、連絡先などの引越し手続きに必要な情報
自治体で行う手続等の情報

マイナポータル
③自治体関係手続きの実施（転出届など）
④民間関係手続きの実施

自治体
自治体窓口
住基システム
庁内連携
各課
業務システム
住基ネット
他行政機関

受け手事業者
Webサイトなど
手続きページ
反映
顧客情報管理システム
手続きの受け手

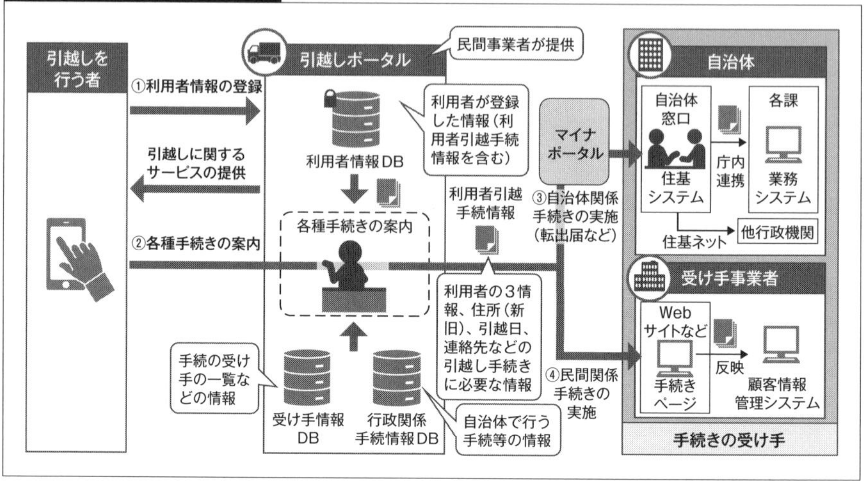

出典 政府CIOポータル「引越しワンストップサービスの推進」をもとに作成
URL https://cio.go.jp/onestop-hikkoshi

HINT

サービスデザイン思考、サービス設計12箇条といわれても具体的に何をすればよいのかわからない人もいるでしょう。そんな人は、次の資料を参考にしてください。

参照 「行政機関におけるサービスデザインの利活用と優良事例」
URL https://cio.go.jp/dp2021_01

掲載期間が2023年3月までとなっていること、ディスカッションペーパーという位置づけであることに注意してください。なお、2023年3月以降は、国立国会図書館のWARP（インターネット資料収集保存事業）から見ることができます（https://warp.ndl.go.jp/）。

行政機関を対象としたサービスデザインのドキュメントとしては、本書執筆時点で公表されているものの中では最も体系的に整理されており、具体的な事例が記されています。サービスデザインの基本的な内容、ダブルダイヤモンドと呼ばれるデザインプロセスとサービスデザイン思考の6原則の解説に始まり、「引越しワンストップサービス」のような具体的な事例まで示されています。

2.2.3　行政サービスのオンライン化実施の3原則

　「行政サービスのオンライン化実施の3原則」については、それができた経緯から見ていきましょう。

　重点計画では、この3原則以外にも「デジタル社会を形成するための10原則」というものもありますが、本書は行政情報システム開発の受託について取り扱っているため、関連する3原則に絞って解説します。

　よくお役所仕事として揶揄される代表例として、窓口での「たらい回し」があります。行政機関でのいわゆる「縦割り組織文化」が根本的な原因ですが、より深く見ていくと、そこにはさらに根深いものがあります。

　すなわち、ここでも行政職員の「法令等遵守義務」が背景にあり、窓口ごとの所掌事務を規定する法令等がそもそも異なる場合には、所掌事務以外のことがしにくい（担当部署以外のことには口を出しにくい）という文化が醸成されてしまっているのです。

　確かに専門分野ごとに法令等が分かれていることは制度単体での運用においては効率的かもしれません。しかし、各窓口で行政サービスを受ける国民（住民）の人格は1つです。そのため、複数の窓口（所掌事務）をまたぐ行政サービスであったとしても、窓口に来た行政サービス利用者が手続きを済ますまでの必要なプロセスや情報・データを明らかにした上で、行政サービス全体（行政手続きの開始から終了まで）のエンドツーエンドで1つの窓口で完結できることが望まれます。つまり、利用者が複数の窓口を転々とするのではなく、1つの窓口で手続きを済ますことができるようにするということです。

　これを実現するために、たらい回しされない法的根拠を与えるため、**デジタル手続法（情報通信技術を活用した行政の推進等に関する法律）**が成立し、3つの**「デジタル技術を活用した行政の推進の基本原則」**を中心に据えています。

　この3つの基本原則を「行政サービスのオンライン化実施の3原則」といいます。

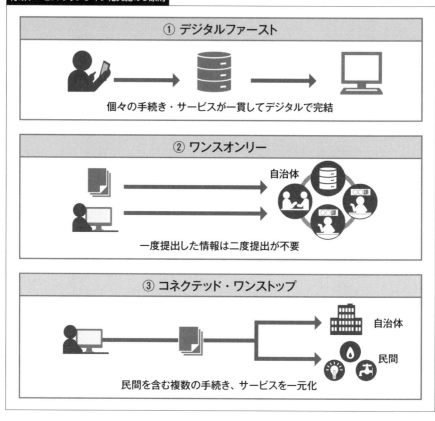

行政サービスのオンライン化実施の3原則

① デジタルファースト

個々の手続き・サービスが一貫してデジタルで完結

② ワンスオンリー

自治体

○○課
○○課

一度提出した情報は二度提出が不要

③ コネクテッド・ワンストップ

自治体

民間

民間を含む複数の手続き、サービスを一元化

　ここで注意したいのは、「目的と手段の取り違え」です。重点計画からの抜粋に「どのようなツールが使えるかという発想ではなく」という表現が入っていることに着目します。「業務改革（BPR）の徹底・システム改革の推進」というパートでこの記載があることが重要です。

　英語に"If all you have is a hammer, everything looks like a nail"（ハンマーだけしか持っていなければ、すべてが釘のように見えてしまう）ということわざがあります。私自身もエンジニアとして働いていた若い頃は、自分が信じる、または好みの技術やツールに固執する傾向がありました。その固執による考えのバイアスや先入観が邪魔をし、対象となる業務の本来の目的からズレた提案をしてしまい、同僚・先輩だけでなくお客様からもそのズレを指摘されたことが何度もあります。

自分が持っている（固執している）ハンマーで（技術やツールなど）何でもかんでも解決してやろうとした結果、提案を失敗することもありました。

　特に行政機関では、「法令等遵守義務」のところで触れた通り、より明確に法令等で業務の目的が定義されていることがほとんどであるため、繰り返しになりますが、目的と手段の取り違えを起こして提案に失敗しないようにするには、情報システムの要件を検討していく上でも、業務を規定する法令等を確認しておくことが大前提となります。

　加えて、法令等の文字だけで表現できない人間味のある現場部分を考慮する必要があります。

　そのためのよりよい提案をする考え方が「サービスデザイン思考」であり、特に行政機関においては、整備方針の「サービス設計12箇条」を適材適所で活用しながら提案活動を進めるとより評価を得やすくなるのです。

2.3 公共調達の概要を正しく理解する

公共調達の仕組みについてもなじみがない人が多いでしょう。詳しくは第3章で解説しますが、ここでは入札で評価されるまでの流れの大枠や、その原則や特徴をつかんでください。

民間企業であれば、予算や期限などの制約の範囲内であれば欲しいものを自組織の判断で買うことができますし、購入先を指定することもできるでしょう。

ところが、行政機関が何かを買うという行為は、国民から徴収したお金（税金または保険料）を利用することを意味します。したがって、国民に対する説明責任が生じることから公平性と公正性を重んじるが故に、民間企業のように自由な購買はできず、**行政職員が調達に必要な仕様書等を作成し、それを公示して広く提案者を募ってから民間企業どうしの競争による入札の結果で落札業者を決定した後、契約を行うことが原則**となります。

☑ POINT

- **行政機関での「原則」とは何かを知っておこう**

  「原則」という言葉が出てきましたが、行政機関と一緒に仕事をするときは、転ばぬ先の杖として、原則ではないものは何か（主に例外）を具体的に一緒に確認しておくと、要件の抜け漏れが減ります。

  なお、「〇〇に努めなければならない」などとされた規定を「努力義務規定」といい、強制的な意味合いが強い「義務規定」と比較して緩やかな規定であることも押さえておきましょう。

2.3.1 会計年度独立の原則が採用されている

　まず予算を確保してから買い物をするのは、民間企業でも行政機関でもだいたい同じかと思います。しかし、行政機関の場合は**実際に買い物をする1年前の年度（予算執行の前年度）に予算要求を行い、議会（たとえば、国であれば国会）での議決を得ること**が必要です。なお、行政機関における年度の開始日は4月1日になり、翌年の3月31日が年度の最終日になります。

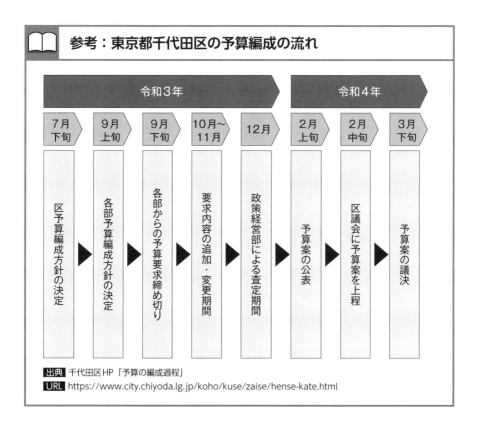

参考：東京都千代田区の予算編成の流れ

令和3年					令和4年		
7月下旬	9月上旬	9月下旬	10月〜11月	12月	2月上旬	2月中旬	3月下旬
区予算編成方針の決定	各部予算編成方針の決定	各部からの予算要求締め切り	要求内容の追加・変更期間	政策経営部による査定期間	予算案の公表	区議会に予算案を上程	予算案の議決

出典　千代田区HP「予算の編成過程」
URL　https://www.city.chiyoda.lg.jp/koho/kuse/zaise/hense-kate.html

　また、予算は**「会計年度独立の原則」**により、一会計年度の予算はその年度内に執行し完結することを原則としている（予算の単年度主義ともいう）ので、入札が不調（応札者はいたが落札者の決定に至らない場合など）になった場合には、再度入札をやり直すことになります。

この場合、行政機関側の調達ルールの都合で煩わしい調達プロセスを再び行ってかなりの時間を消費するだけでなく、納品日は変わらないことがほとんどであるため、情報システムの開発・構築期間が削られる（納期が短くなる）リスクがあります。

あくまでも「べき論」になりますが、このリスク軽減のためにも、入札が不調とならないように予算や開発期間をきちんと確保するための活動、予算要求時に必要となる見積書作成での支援を行うなどし、予算要求時点からより正確な調達活動になるための協力を行政機関に対して行うことが受託の確度を高めることにつながります。

☑ POINT

・「会計年度独立の原則」とは何かを知っておこう

「会計年度独立の原則」という言葉の通り、原則でない場合（繰り越し、債務負担行為）もあります。しかし、原則でないことを行う場合には、事前に手続きを経る必要があり、議会での議決が必要な場合もあります。

2.3.2 「概算要求用見積もり」を依頼する

では、実際の予算要求を見ていきましょう。予算要求年度は、予算を確保するための根拠としての概算要求用の見積もりを取得する必要が行政機関側にあるので、**入札時の提案の前にこの概算要求用見積もり依頼を認知しているか**が重要です。その理由は、予算要求年度には細かい要件が定まっていないことが多く、精緻な見積もりを作るには情報が不足している状態のため「概算」となり、予算要求が固まってからそれらを精緻化していく作業に取りかかることが多いからです。

つまり、予算要求時点から予算執行年度に入札が公示されるまでにはだいぶ時間があり、行政はRFI（Request For Information：情報提供依頼書）や意見招請（入札公告に先立って、調達の仕様書案について企業から仕様書案への意見を求めること）を実施するなどして要件・仕様の詳細化を図ることになります。

その間、行政に意見を提出することで、競争が活性化し、よりよい情報システムができるような環境作りが進むようになります。

　逆に入札が公示されてから提案内容を考え始めるのでは、十分な時間を割くことができず、自社の強みを発揮できない提案となってしまうおそれがあります。

2.3.3　入札方式を確認する

　行政機関で予算が確保され、かつ仕様書等の調達に必要なドキュメントが正式に用意できたら、いよいよ入札手続きとなります。

　事業者選定方式・落札者決定方式など入札にはいくつかの種類があり、どの方式を用いるかは調達内容の目的と各方式の適用条件に合致しているかの確認が必要です。詳細は3.2で触れることとし、ここでは入札時の評価に用いる要素として**「価格点」**と**「技術点」**の2つがあること、事業者選定方式・落札者決定方式の代表例として**「最低価格落札方式」**と**「総合評価落札方式」**の2つがあることを押さえておきましょう。

入札時の評価要素	
価格点	業者入札金額と落札価格を比較して表した点数
技術点	業者提案内容と仕様書・要件定義書の内容を比較して表した点数

事業者選定方式・落札者決定方式の代表例	
最低価格落札方式	入札価格のみで決定。最も低い金額の札を入れた業者が落札者となる
総合評価落札方式	入札価格による価格点と技術提案内容の評価結果による技術点の合計が最も高い点数となった業者が落札者となる

　技術力や提案力を十二分にアピールできる技術提案の場があるのは総合評価落札方式です。

　もちろん最低価格落札方式であっても、仕様書等が完成する前段、予算要求時点から予算執行年度の調達までの間で、自社にとってより優位な仕様・要件となるように、あらかじめ営業活動の中で資料提供や意見出しをすることはできま

す。けれども、最低価格落札方式は純粋に入札価格だけで評価されてしまう形式のため、仕様書などをよく読まずに不相応な価格で入札に参加する業者もおり、そうした業者に負けてしまうこともあります。

　それに対し、総合評価落札方式であれば、よりよい提案内容であれば、他社と比べて価格競争力が仮になかったとしても、技術点で挽回することで十分に戦える可能性があります。

　いずれにしろ大切なことは、予算要求時点から予算執行年度に入札が公示されるまでの間に、自社が調達元の行政機関から評価されやすい提案ができる環境作りができるどうかです。

☑ POINT

- 環境作りで注意すべき確認事項を押さえよう

➡ 事業者選定方式・落札者決定方式がどれになるか

➡ 適切な見積もりを出し、必要な予算が確保できたか

➡ 調達担当職員に対して自社の強みを十分にインプットできたか
（その結果として仕様・要件がどうなったか）

2.4 避けては通れない個人情報と情報セキュリティ

行政機関からの情報システム開発を受託するために求められる情報セキュリティ対策の詳細は第4章で示しますが、ここでは提案で評価を得ていく前段の心構えとして、なぜ情報セキュリティ対策が必要なのかといった理由、背景・根拠をつかんでおきましょう。

2.4.1 情報セキュリティ対策のレベル

行政機関とともに仕事を行う場合、個人情報保護の徹底と日々の情報セキュリティ（サイバーセキュリティ）対策は不可欠です。仕様書等で応札者に対して求められる要件の中には必ず情報セキュリティ対策の項目があり、プロジェクトの体制および従事者、そして情報の取扱いなどについて応札者が講ずべき情報セキュリティ対策の内容が書かれています。

また、場合によっては応札者の入札資格要件として日本産業規格（JIS）、国際標準化機構（ISO）などが定める規格に基づく認証等の提示を求めるものもあります。従事者に対しても情報セキュリティに関する資格要件（情報処理安全確保支援士試験、ISACA CISMなど）が求められる場合もあります。

行政機関から求められる情報セキュリティ対策のレベルは、調達内容に応じて異なります。これは、**業務で用いる情報システム上で扱う情報の機密性、完全性、可用性を検討し、情報セキュリティ・インシデントなどが発生した場合に業務へ与える影響を踏まえてリスク評価を行い、情報セキュリティ対策のレベルが考えられているためです。**

これらの資格要件を満たすためには、前述のような認証や資格の取得が必要となり時間がかかるので、実際に提案活動を行っていく中で早めに資格要件を行政機関の調達担当者に確認しておくことが肝要です。

押さえておきたいのは、行政機関、特に地方公共団体の業務は**住民向けのサー**

ビスが中心であることです。すなわち、各自治体に住んでいる人にまつわる行政サービスを提供するにあたっては、各住民の個人情報を取り扱う業務が多いことになります。

　他方、国の行政機関（政府機関）などにおいては、地方公共団体と比べると直接的に個人情報を取り扱う機会は少ないですが、雇用保険のように国が直接運営する制度もあります。

　このあたりの国と地方公共団体の業務特性の違いも地方自治法第1条の2に明記されているので、一度確認しておくとよいでしょう。

☑ POINT

• 地方公共団体は地域密着が基本

　地方公共団体はそこに暮らす住民の方たちの社会経済活動、生活様式、そして取り巻く環境が異なる（地域特性が存在する）ことを尊重し、各地域に合った住民向け行政サービスを提供する必要があるのは理解できるでしょう。1.4.3で紹介した地方自治法第1条の2②にある通り、大きな枠組みは国で定めはするものの、各地域に住まう住民の社会福祉の増進に資する活動のため、地方公共団体ごとに制度の策定および施策の実施を行うことがあります。これを「自治は自治」と表現することもあります。

　個人情報だけでなく、行政機関においては機密性の高い情報を取り扱うことも多く、日頃から情報セキュリティの水準の向上が必須です。そのため、行政機関が整備する情報システムに関わる行政職員だけではなく、利用、そして運用・保守などに携わる者に対しても各行政機関が定める情報セキュリティポリシーに従うよう求められる場合があります。

　なお、各行政機関では次に挙げる基準などに基づいて機関ごとにポリシーや基本方針を策定している場合があるので、それらが存在する場合には、もととなった基準などとの差分を確認しておきましょう。

各行政機関向けの基準等

＜政府機関等の場合＞

「政府機関等のサイバーセキュリティ対策のための統一基準群（令和3年度版）」（令和3年7月7日　サイバーセキュリティ戦略本部）

URL https://www.nisc.go.jp/policy/group/general/kijun.html

＜地方公共団体の場合＞

「地方公共団体における情報セキュリティポリシーに関するガイドライン（令和4年3月版）」

URL https://www.soumu.go.jp/main_content/000805453.pdf

2.4.2　情報セキュリティと罰則

　国の行政職員については、人事院による「懲戒処分の指針について」の一部改正が平成28年9月30日に各府省等に通知されたことに伴い、情報セキュリティ対策の意識向上が図られました。

人事院「懲戒処分の指針について」の一部改正（抜粋）

- 職務上知ることのできた秘密を故意に漏らし、公務の運営に重大な支障を生じさせた職員は、免職又は停職とする。この場合において、自己の不正な利益を図る目的で秘密を漏らした職員は、免職とする。
- 具体的に命令され、又は注意喚起された情報セキュリティ対策を怠ったことにより、職務上の秘密が漏えいし、公務の運営に重大な支障を生じさせた職員は、停職、減給又は戒告とする。

URL https://www.jinji.go.jp/kisya/1609/choukai280930.html

　上記の指針はあくまでも国家公務員に対するものですが、昨今の情報セキュリティに関する事故においては、社会的に厳しい指摘を受ける傾向があり、国と地方公共団体か、そして官か民かに関係なく同様の措置を取られると考えるのが自

然です。したがって、**行政機関における情報システム関連調達においても情報セキュリティ・インシデント対策、事故が起きた場合の迅速かつ適切な対応を重視した提案が求められます。**

　また、行政機関での情報システムの調達担当者の心情として、「安全」を求めるのは当然として、その上で「安心」を求める傾向が強くなるのも自明のことです。

　さらに国または地方公共団体の公権力の行使にあたる公務員の場合は、国家賠償法で厳しい責任が法律で課されており、国の予算執行職員に対してはさらに厳しい責任が予算執行職員等の責任に関する法律で課されていることにも留意が必要です。

　同様に地方公共団体の職員にも賠償責任が地方自治法で規定されています。

　以上に挙げた内容とその背景や根拠を理解し、行政機関で利用する情報システムが支える業務そのもの、そして調達担当者を取り巻く環境を把握した上で提案に臨むと、より深みのある内容になるだけでなく、調達担当者に「安心」を与えることにもつながり、より評価を得やすいものになると考えられます。

　なお、巻末に本書の付録として実際の調達仕様書での情報セキュリティに関する記載例を掲載しましたので、参考にしてください。

2.5 公共調達における評価の変化

本書の読者の中には、これから起業する方やスタートアップ企業への参画を検討している方がいるかもしれません。

国の成長、持続可能な国を目指すための1つの施策がスタートアップ支援であり、その手段として公共調達におけるスタートアップ製品の導入促進があります。

これらの現在・今後の取り組みを知ると同時に、過去からの取り組み（たとえばSBIR制度）を知った上で公共調達に臨むと、より効果的な提案活動に集中できるので、順に見ていきましょう。

2.5.1 国のスタートアップ支援

平成30年6月28日に総務省と経済産業省が公表した、「平成28年経済センサス-活動調査」のデータに基づく中小企業庁での分析によると、日本の産業構造における中小企業・小規模事業者の企業全体に占める割合は、99.7%となっています。このことから、過去、公共調達における中小企業者に対する施策を打ち出してきており、現在でも施策を検討しているものもあります。

その一環として**国の新しい資本主義実現会議の中で新しい成長戦略の1つとして、「スタートアップの徹底支援」**が挙げられています。

☑ POINT

- **新しい資本主義とスタートアップは密接**

  今後、新しい資本主義実現会議での議論や関係する動向を追いかけておくと、より自社に有益な情報を獲得する可能性が高くなります。また、自社の行政機関に対するビジネス戦略を検討する上でも有益となるでしょう。

（3）スタートアップを生み出し、規模を拡大する環境の整備

（一部抜粋）スタートアップの創出・成長発展に向けて、挑戦が奨励される社会環境の整備、兼業・副業の促進等による人材の流動化、新SBIR制度の着実な運用によるスタートアップからの政府調達、雇用を増やすスタートアップに対する政策金融による融資、SPAC（特別買収目的会社）制度の検討等による新たな上場環境の整備、大企業とスタートアップとの取引関係の適正化等を総合的に進める。

 「緊急提言〜未来を切り拓く『新しい資本主義』とその起動に向けて〜」（令和3年11月8日 新しい資本主義実現会議）

URL https://www.cas.go.jp/jp/seisaku/atarashii_sihonsyugi/pdf/kinkyuteigen_honbun_set.pdf

　国は令和4年を「スタートアップ創出元年」と位置づけ、**「新しい資本主義のグランドデザイン及び実行計画」**（令和4年6月7日　閣議決定）において、年末までに「スタートアップ育成5か年計画」を策定する方針を打ち出しました。

　また、経済産業省では**「METI Startup Policies」**を取りまとめ、公表するだけでなく、大臣官房にスタートアップ創出推進室を設置し、スタートアップ創出推進政策統括調整官をはじめとした担当者を配置して推進体制を整備しています。

 新しい資本主義実現本部
「新しい資本主義のグランドデザイン及び実行計画
〜人・技術・スタートアップへの投資の実現〜」

URL https://www.cas.go.jp/jp/seisaku/atarashii_sihonsyugi/pdf/ap2022.pdf

 経済産業省「METI Startup Policies
〜経済産業省スタートアップ支援策一覧〜」

URL https://www.meti.go.jp/policy/newbusiness/meti_startup_policies/hontai_220621.pdf

加えて、スタートアップ企業とのオープンイノベーションに向け、国内の事業会社またはその国内コーポレート・ベンチャー・キャピタル（CVC）が、スタートアップ企業の新規発行株式を一定額以上取得する場合、その株式の取得価額の25％が所得控除される**「オープンイノベーション促進税制」**もあります（ただし、令和6年3月31日まで）。

　こうした国の取り組み、制度などを確認し、活用することにより自社の成長機会を最大化するとよいでしょう。

「オープンイノベーション促進税制」の概要

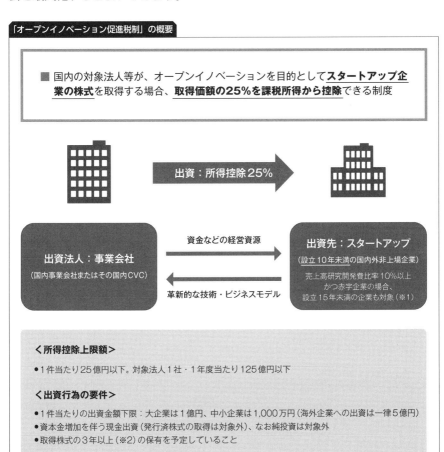

■ 国内の対象法人等が、オープンイノベーションを目的として**スタートアップ企業の株式**を取得する場合、**取得価額の25％を課税所得から控除**できる制度

出資：所得控除25％

出資法人：事業会社
（国内事業会社またはその国内CVC）

資金などの経営資源

革新的な技術・ビジネスモデル

出資先：スタートアップ
（設立10年未満の国内外非上場企業）

売上高研究開発費比率10％以上
かつ赤字企業の場合、
設立15年未満の企業も対象（※1）

＜所得控除上限額＞
● 1件当たり25億円以下。対象法人1社・1年度当たり125億円以下

＜出資行為の要件＞
● 1件当たりの出資金額下限：大企業は1億円、中小企業は1,000万円（海外企業への出資は一律5億円）
● 資本金増加を伴う現金出資（発行済株式の取得は対象外）、なお純投資は対象外
● 取得株式の3年以上（※2）の保有を予定していること

※1：令和4年4月1日以降の出資が対象
※2：令和4年3月31日までの出資については、5年以上

出典 経済産業省HP「オープンイノベーション促進税制」をもとに作成
URL https://www.meti.go.jp/policy/economy/keiei_innovation/open_innovation/open_innovation_zei.html

また、スタートアップを生み出す取り組みは、国だけでなく東京都においても行われています。

　東京都では、既存の仕組みへの挑戦を恐れず、新しいビジネスモデル・新しい価値の創造を目指すスタートアップとともに「未来の東京」を共創するため、「スタートアップ協働戦略 ver.1.0〜スタートアップと東京都で『未来の東京』を共創する〜」を令和4年2月に策定・公表しています。

スタートアップ協働戦略 ver.1.0（抜粋）

WHY　なぜスタートアップ（SU）との協働に取り組むのか

- 将来の予測が困難な「VUCA（Volatility、Uncertainty、Complexity、Ambiguityの頭文字）」の時代、既存の仕組みや考え方に固執していては、迅速な課題解決や多様化するニーズを捉えられなくなっています。こうした中、都は構造改革に取り組み、状況の変化に弾力的に対応できる組織に生まれ変わろうとしています。
- 既存の仕組みへの挑戦を恐れず、新しいビジネスモデル・新しい価値の創造を目指すスタートアップは、都庁と共に社会課題を解決し、未来を実現する重要なパートナーです。
- 都は、既存の仕組みへ挑戦し、新しい価値の創造を目指すスタートアップとともに、「未来の東京」を創っていきたいと考えています。

出典 スタートアップ協働戦略プロジェクトチーム「スタートアップ協働戦略 ver.1.0〜スタートアップと東京都で『未来の東京』を共創する〜」をもとに作成
URL http://shintosei.metro.tokyo.lg.jp/wp-content/uploads/2022/02/startup-ver.1.0-1.pdf

---

　これらの取り組みでは、スタートアップを促進する施策の1つとして、スタートアップ企業からの調達を行政機関が促進することが盛り込まれています。東京都においては、「キングサーモンプロジェクト」と銘打ち、スタートアップ製品の導入に取り組んでいます。

都と協働する上での主な課題（スタートアップの意見）

- 社歴の浅いスタートアップでも参入できる柔軟な取り組みを増やしてほしい
- 都の施設や大学の研究力などを活用できるとよい

- 契約手続きの煩雑さや書類の多さが負担になっている
- スタートアップの製品やサービスの革新性や技術力を適切に評価するプロセスが重要
- スタートアップコミュニティに積極的に関わっていくことで都の取り組みにも関心を持ってもらえる

- スタートアップ施策情報がバラバラに発信されているし、情報が集約されていないため、情報収集が負担
- 官公庁や自治体はスタートアップにとって敷居が高く、話をしにくい雰囲気がある

戦略1

さまざまな協働の取り組みをさらに推進

- ピッチイベントやキングサーモンプロジェクトの活用
- VCや大手企業など多様な主体との協働の仕組みの構築
- 都立大学との共同研究や大学保有の施設活用

戦略2

協働の取り組みを支える仕組みを構築

- 契約・支出事務のデジタル化を推進
- 政策目的随意契約の活用
- SU支援拠点への職員派遣や意欲ある職員の庁内公募

戦略3

SUと都職員とのコミュニケーションを深化

- ワンブランドでの情報発信とポータルサイトの構築
- コミュニティプラットフォームの構築・協働事例の見える化
- 人事交流やセミナーの開催

出典 スタートアップ協働戦略プロジェクトチーム「スタートアップ協働戦略 ver.1.0～スタートアップと東京都で『未来の東京』を共創する～」をもとに作成

URL http://shintosei.metro.tokyo.lg.jp/wp-content/uploads/2022/02/startup-ver.1.0-1.pdf

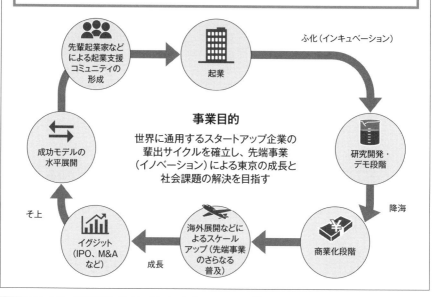

■ 都政課題のうち、グローバルでの市場性が見込め、かつ東京が先駆性を有する
テーマを設定し、課題解決に資するソリューションを持つ有力スタートアップ
に対し、先端プロダクトを実装するためのフィールドとして都政現場を提供す
る

■ 認定製品について公共調達（希望する都の現場でスタートアップのプロダクト
を導入）を行う

ふ化（インキュベーション）

先輩起業家など
による起業支援
コミュニティの
形成

起業

事業目的
世界に通用するスタートアップ企業の
輩出サイクルを確立し、先端事業
（イノベーション）による東京の成長と
社会課題の解決を目指す

研究開発・
デモ段階

成功モデルの
水平展開

そ上

イグジット
（IPO、M&A
など）

海外展開などに
よるスケール
アップ（先端事業
のさらなる
普及）

商業化段階

降海

成長

> **出典** スタートアップ協働戦略プロジェクトチーム「スタートアップ協働戦略 ver.1.0〜スタートアップと東京都で
> 『未来の東京』を共創する〜」をもとに作成
> **URL** http://shintosei.metro.tokyo.lg.jp/wp-content/uploads/2022/02/startup-ver.1.0-1.pdf

　国の成長、持続可能な国を目指すための1つの施策がスタートアップ支援であり、
その手段として公共調達におけるスタートアップ製品の導入促進があります。

　これらの現在・今後の取り組みを知ると同時に、過去からの取り組み（たとえ
ば、SBIR制度）を知った上で公共調達に臨むとより効果的な提案活動に集中でき
ます。

2.5.2　中小企業の調達

　ここでは公共調達における評価に関わる過去の取り組みのうち、中小企業者に向けた内容について触れておきます。

　前項で見慣れないSBIR制度というのが突然出てきて驚かれた方もいるでしょう。これは中小企業技術革新制度といい、SBIRは"Small Business Innovation Research"の略です。この制度を活用すると、国などへの入札参加特例措置の対象となります。中小企業庁HPのFAQにおいて、SBIRは次のような説明がなされています。

> ### SBIR制度とは？
> 　中小企業者及び事業を営んでいない個人（以降「中小企業者等」という）の皆さんの新たな事業活動の促進を図るものであり、国の研究開発事業について、中小企業者等の皆さんにご参加いただく機会の増大を図るとともに、それによって得られた研究開発成果の事業化を支援するものです。

　公共調達で勝つための武器として、自社の技術や製品・サービスがカギになるわけですが、IT産業は目まぐるしい技術の進歩やイノベーションが起こるのが当たり前であるだけでなく、チープ化（他社が追従するスピードおよびその追従によるコスト低廉化）も早いという特徴もあり、研究開発を継続的に行うことができるか、新しい技術を先行して実装できるかなどが肝になります。

　しかし、中小企業者等は大企業に比べて体力面（特に資金面）が乏しい場合が多いので、SBIR制度によって国が支援し、科学技術やイノベーション創出が活性化することで、我が国の国際競争力の強化、経済社会の健全な発展および国民生活の向上に寄与することを狙いとしています。

　また、補助金等での資金面からの研究開発の応援だけではなく、中小企業者等がビジネスを行っていくための事業化支援もあるのがSBIR制度の特徴となります。

　さらにこれらの支援だけではなく、入札参加特例措置も設けられています（詳しくは「SBIR制度に係る入札参加特例措置の運用指針」や独立行政法人中小企業

基盤整備機構が提供するSBIRサイトを参照)。

　SBIR特定補助金等の交付を受けた中小企業者等については、参加しようとする入札物件等の分野における技術力を証明できれば、入札参加資格（3.1.2参照）のランクや過去の納入実績にかかわらず、入札に参加できる特例措置を受けられます。

HINT

　SBIR制度の概要がわかったとしても、どのようにすればこの制度を活用できるのか不安に思うこともあるでしょう。そこで、日本商工会議所ではSBIR推進協議会を組織し、本制度を中小企業者等に活用してもらうための支援を行っています。次のサイトを確認し、コンタクトを取るのも1つの手です。

参照 **日本商工会議所「中小企業技術革新制度 (日本版SBIR)」**
URL https://www.jcci.or.jp/sme/sbir/

　SBIR制度だけではなく、国や独立行政法人、地方公共団体等が、物品を購入したり、サービスの提供を受けたり、工事を発注したりすること（以下、「官公需」という）について、中小企業者等からより機会を得やすくするための定めが記された「官公需についての中小企業者の受注の確保に関する法律」（以下、「官公需法」という）もあります。

　SBIR制度では、入札参加特例措置を受けるためには「入札物件等に係る技術分野がSBIR制度の特定新技術補助金等（SBIR特定新技術補助金等）により実施した研究開発に係る技術分野と同じ分野である場合」という制約を受けますが、官公需法では次に挙げる条文の通り、そのような制約は受けません。

官公需法（抜粋）

第1条　この法律は、国等が物件の買入れ等の契約を締結する場合における新規中小企業者をはじめとする中小企業者の受注の機会を確保するための措置を講ずることにより、中小企業者が供給する物件等に対する需要の増進を図り、もつて中小企業の発展に資することを目的とする。

> **第３条**　国等は、国等を当事者の一方とする契約で国等以外の者のする工事の完成若しくは作業その他の役務の給付又は物件の納入に対し国等が対価の支払をすべきもの（以下「国等の契約」という。）を締結するに当たつては、予算の適正な使用に留意しつつ、新規中小企業者をはじめとする中小企業者の受注の機会（以下単に「中小企業者の受注の機会」という。）の増大を図るように努めなければならない。この場合においては、新規中小企業者及び組合を国等の契約の相手方として活用するように配慮しなければならない。

　SBIR制度のような強い制約がなく、上記第３条に「……に努めなければならない」と表現されているように、いわゆる努力義務規定であって義務規定ではないので、各調達の規模や業務特性によってはこの条文が適用されないこともあり、提案を予定している調達内容を確認することが必要です。

　なお、「中小企業者」という言葉の定義は、官公需法の第２条において資本金の額や従業員の数などによって分類されています。また、「新規中小企業者」とは、中小企業者のうち、「事業を開始した日以後の期間が10年未満の個人」または「設立の日以後の期間が10年未満の会社」のいずれかに該当するものをいいます。すなわち、**新規中小企業者が、いわゆるスタートアップに該当します**。皆さんの会社がこれに当てはまるかどうか、法律の条文を確認してください。

　官公需法に基づく施策は、中小企業庁のHPで公表されています。国等の契約実績の公表や事例紹介などについて随時アップデートされており、非常に参考になります。

中小企業庁「官公需施策」
URL https://www.chusho.meti.go.jp/keiei/torihiki/kankoju.htm

　さらに、「技術力ある中小企業者等はものづくりの重要な担い手であり、我が国のものづくり能力の強化を図り、活力ある経済社会を構築するためには、国として、このような技術力ある中小企業者等の事業活動を支援することが重要である」として次の決定がなされ、技術力ある中小企業者等の入札参加機会の拡大を図る取り組みが続けられています。

「技術力ある中小企業者等の入札参加機会の拡大について」
（平成12年10月10日　政府調達（公共工事を除く）手続の
電子化推進省庁連絡会議幹事会決定　令和3年6月24日改正）

URL https://www.chusho.meti.go.jp/keiei/torihiki/kankouju/bunsyo/gijut_nyuusatu.pdf

　上記に記載されている通り、「物品の製造」「物品の販売」「役務の提供等」に関する入札については、中小企業者等が、参加しようとする入札物件等の分野における技術力等を証明できれば、保有している入札参加資格の等級（ランク）や過去の納入実績にかかわらず、すべての国等の入札への参加ができるようになります。

　そのため、**調達仕様書等をよく確認し、この決定を活用できるか検討することが、提案機会を増やし評価されやすくなることにつながっていくのです。**

　さらには経済産業省が推進するスタートアップ企業の育成支援プログラムである**「J-Startup」**に選定されている企業であれば、入札参加特例措置が適用される場合があります。

J-Startup
URL https://www.j-startup.go.jp/

「J-Startup 企業の入札参加特例措置の運用指針」
（平成30年10月18日 政府調達（公共工事を除く）手続の
電子化推進省庁連絡会議幹事会決定）

URL https://www.chusho.meti.go.jp/keiei/torihiki/kankouju/bunsyo/gijut_j-startup.pdf

☑ HINT

・ J-Net21 のサイトを活用しよう

　独立行政法人中小企業基盤整備機構が運営するサイト（J-Net21）には、補助金・助成金・融資に関してだけではなく、ビジネスを取り巻く法律問題の解説などさまざまな支援情報が掲載されています。メールマガジン「J-Net21 新着情報」に登録（無料）すると、毎週火曜に、J-Net21で直近1週間に更新された支援情報が届けられます。

URL https://j-net21.smrj.go.jp/index.html
URL https://j-net21.smrj.go.jp/law/index.html

2.5.3　現在そしてこれからに向けての取り組み

　1.2.1で触れた通り、新たにデジタル庁を設置するきっかけとなった新型コロナウイルス感染症の影響に伴い、国民の生活様式や社会経済活動の変化などがもたらされ、抜本的な対策を講じなければならない状況となっています。

　日本国憲法第25条に定められた「健康で文化的な最低限度の生活」（生存権）は国民全員にとって重要であり、新型コロナウイルス感染症対策だけでなく、持続可能な国を目指し、労働環境の是正（ワーク・ライフ・バランスなどの推進、女性活躍促進、若者雇用促進など）や超少子高齢化対策をはじめとしたさまざまな社会課題の解決に取り組むことが重要となります。

　国の調達のうち技術点による評価を必要とする調達（総合評価落札方式または企画競争）においては、社会課題の解決に取り組む企業に対し、加点評価することが定められており、地方公共団体も国に準じた取り組みを実施するよう努めることとされています。加点評価を与える制度としては、具体的には次の2つになります。

女性活躍推進法への取組状況
（一般事業主行動計画策定届出・「えるぼし」「プラチナえるぼし」認定状況）
URL https://www.mhlw.go.jp/stf/seisakunitsuite/bunya/0000129028.html

若者雇用促進法に基づく認定企業（ユースエール認定企業）
URL https://www.mhlw.go.jp/content/11800000/000917942.pdf

　企業が「えるぼし認定」または「ユースエール認定」されると、厚生労働省が提供する職場情報総合サイト（「しょくばらぼ」）に企業情報とともに認定情報が掲載されます。

　「しょくばらぼ」は、職場改善に積極的な企業の残業時間（時間外労働時間）や有給休暇取得率、従業員の平均年齢などの職場情報を検索・比較できるWebサイトです。つまり、いわゆるホワイト企業かどうかを確認するための指標が公開されているともいえ、入札での加点評価獲得を目指すだけでなく、企業価値を高める意味でも認定取得を目指してみてはいかがでしょうか。

出典 厚生労働省「職場情報総合サイト」『しょくばらぼ』
URL https://shokuba.mhlw.go.jp/

　本書執筆時点での政府の重要施策「新しい資本主義」における成長戦略の1つ
として、「我が国企業のダイナミズムの復活、イノベーションの担い手であるス
タートアップの徹底支援」が挙げられており、前項で取り上げたSBIR制度や官公
需法を基礎とした新たな取り組みが検討されています。

　さらに、令和4年4月1日以降に契約を締結する、総合評価落札方式による国
のすべての調達において、新たに「賃上げ」も加点評価に加わりました。これは、
「コロナ克服・新時代開拓のための経済対策」（令和3年11月19日　閣議決定）
および「緊急提言〜未来を切り拓く『新しい資本主義』とその起動に向けて〜」
（令和3年11月8日　新しい資本主義実現会議）において、賃上げを行う企業か
ら優先的に調達を行う措置などを検討するとされたことを受けての加点措置とな
ります。

出来上がったばかりの措置ですが、次に挙げる国土交通省と経済産業省の資料が参考になります。

国土交通省「総合評価落札方式における賃上げを実施する企業に対する加点措置について」
URL https://www.mlit.go.jp/tec/tec_fr_000101.html

経済産業省「経済産業省入札心得（総合評価落札方式　電子調達システム対応版）」
URL https://www.chusho.meti.go.jp/koukai/nyusatsu/2015/151216car6.pdf

　また、公正取引委員会において、行政機関における情報システム調達の競争政策上の課題（特にベンダーロックイン）などを明らかにした実態調査報告も公表され、多様なシステムベンダーが参入しやすい環境を整備することが行政機関に求められています。

　いろいろと紹介してきましたが、つまりは、**今後の競争政策の動向によっては、これまで応札企業がある意味固定的だった調達にもメスが入る可能性が高まっており、これまで蚊帳の外にいた企業にも参入機会が増すのではないかと考えられるのです。**

　行政機関で新しい取り組みを実施するためには、法的根拠を明確にする必要があり、場合によっては法改正の検討もしなければならず、一筋縄ではいきません。このため、デジタル改革、規制改革、行政改革に係る横断的課題を一体的に検討し、実行することにより、国や地方の制度・システムなどの構造変革を早急に進め、個人や事業者が新たな付加価値を創出しやすい社会とすることを目的として、デジタル臨時行政調査会が令和3年11月16日から継続的に開催されています。

　同調査会の第1回では、岸田文雄内閣総理大臣から次のようなデジタル時代にあった調達の在り方を検討するような発言があり、調達の在り方も変化する可能性があることに留意する必要があります。

📖 **総理発言（抜粋）**

デジタル田園都市国家構想実現に向け、国・地方・民間を通じたデジタル基盤の整備プランや、デジタル人材育成の強化策を具体化するとともに、デジタル時代にあった規制・制度・行政の見直し、調達、政策の執行・評価などのあるべき姿とその方策を示してもらいます。

出典 デジタル庁HP「デジタル臨時行政調査会（第1回）」
URL https://www.kantei.go.jp/jp/101_kishida/actions/202111/16rinchou.html

　デジタル臨時行政調査会そのものが本書執筆時点では現在進行形であるため、そこでの議論の動向を見守る必要がありますが、同調査会の第2回において、牧島かれんデジタル大臣から「構造改革のためのデジタル原則（案）」が示されており、これをベースに規制の見直しが図られていくものと推察されます。

　同調査会の第4回では「デジタル原則に照らした規制の一括見直しプラン（案）」が示され、約1万の法令を総点検した結果、約4,000条項の見直し方針が確定され、社会のデジタル化を阻むアナログ的規制を今後3年間（2022年7月〜2025年6月）で一掃し、新たな成長産業の創出、人手不足の解消、生産性の向上や所得の増大などの実現を目指しています。

　このように多くのアナログ的規制について改革を行っていくことが示されたことから、社会のデジタル化についてのビジネス機会も増えていくものと推察されます。

 **デジタル臨時行政調査会
「デジタル原則に照らした規制の一括見直しプラン」**

URL https://www.digital.go.jp/assets/contents/node/basic_page/field_ref_resources/cb5865d2-8031-4595-8930-8761fb6bbe10/e3650360/20220603_meeting_administrative_research_outline_07.pdf

「包括的データ戦略」（令和３年６月）にて提示された７層のアーキテクチャを参考に、デジタル社会の実現に向けた構造改革のための５つの原則を整理

| 第7層 | 新たな価値の創出 | 改革を通じて実現すべき価値
（デジタル社会を形成するための基本原則：
①オープン・透明 ②公平・倫理 ③安全・安心 ④継続・安定・強靱
⑤社会課題の解決 ⑥迅速・柔軟 ⑦包摂・多様性 ⑧浸透
⑨新たな価値の創造 ⑩飛躍・国際貢献）|

アーキテクチャ		構造改革のためのデジタル原則（案）
第6層	業務改革・BPR／組織	原則① デジタル完結・自動化原則	・書面、目視、常駐、実地参加などを義務づける手続き・業務について、デジタル処理での完結、機械での自動化を基本とし、行政内部も含めエンドツーエンドでのデジタル対応を実現すること ・国・地方公共団体を挙げてデジタルシフトへの組織文化作りと具体的対応を進めること
第5層	ルール	原則② アジャイルガバナンス原則 （機動的で柔軟なガバナンス）| ・一律かつ硬直的な事前規制ではなく、リスクベースで性能などを規定して達成に向けた民間の創意工夫を尊重するとともに、データに基づくEBPMを徹底し、機動的・柔軟で継続的な改善を可能とすること ・データを活用して政策の点検と見直しをスピーディに繰り返す、機動的な政策形成を可能とすること
第4層	利活用環境	原則③ 官民連携原則 （GtoBtoC モデル）| 公共サービスを提供する際に民間企業のUI・UXを活用するなど、ユーザー目線で、ベンチャーなど民間の力を最大化する新たな官民連携を可能とすること
第3層	連携基盤	原則④ 相互運用性確保原則	官民で適切にデータを共有し、世界最高水準のサービスを享受できるよう、国・地方公共団体や準公共といった主体・分野間のばらつきを解消し、システム間の相互運用性を確保すること
第2層	データ	原則⑤ 共通基盤利用原則	ID、ベースレジストリなどは、国・地方公共団体や準公共といった主体・分野ごとの縦割で独自仕様のシステムを構築するのではなく、官民で広くデジタル共通基盤を利用するとともに、調達仕様の標準化・共通化を進めること
第1層	インフラ		

出典 デジタル臨時行政調査会（第２回）「資料１ デジタル時代の構造改革とデジタル原則の方向性について」をもとに作成

URL https://www.digital.go.jp/assets/contents/node/basic_page/field_ref_resources/c98d7d7a-24f2-45fe-a3b9-14c635966105/20211222_meeting_extraordinary_administrative_research_committee_01.pdf

ここまでに挙げた変化の動向を考慮しつつ、応札を希望する行政情報システムが支える業務が達成すべき本来の目的を見極め、ステイクホルダー、課題、リスクなどを整理した上で、提案評価における技術点の加点を獲得するための検討を十分に行うことが大切です。

　その上で自社の強みが最大限発揮できるよう、提案書に工夫を加えるなどして提案活動を行っていくことが重要となります。

Chapter 3 •••

公共調達の基礎

本章では、行政機関とビジネスを行う上での契約手続きについて解説します。公共調達では、見積書の作成・提出、技術的な資料提供や意見照会（ヒアリング）、提案書の作成・提出、そして入札を順次こなしていきます。開札の結果として落札者が決定し、発注者（行政機関）と落札者の間で契約書の取り交わし、検収（納品検査、完了検査）、代金の支払いなどが続きます。この公共調達における一連の流れを契約手続きといい、これには厳格なルールが定められています。これらを理解しておくと、行政機関との契約までのプロセスが円滑に進められ、透明性を確保してビジネスを行えるようになります。

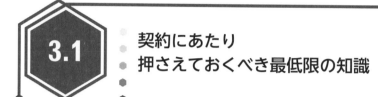

3.1 契約にあたり押さえておくべき最低限の知識

　ここまで国や地方公共団体は、国民が納めたお金を財源として業務を行い、行政サービスの提供を行っていることに触れました。

　情報システムを行政機関で利用するためには、その情報システムを調達の上で民間事業者と行政機関との間で契約締結が必要です。その際、国民が納めたお金を利用するので、公正性および公平性が強く求められます。

　また、行政側の担当職員ごとに異なる対応になったり、恣意的でいい加減なお金の使い方にならないようにするため、財政法や会計法などの財務会計制度に関する法令が定められています。そこでは、**公共調達、行政機関との一連の契約手続きにおいて財務会計制度の関連法令に厳密に従い、適正かつ効率的な事務処理による公金の執行が確保されなければならないとされています。**

　どんなによい提案をし、入札で他社に優位性を持っていたとしても、ルールに則った形で契約に至らなければ、そのすべての努力が水の泡となります。

　行政機関との間で手続きを適切に進め、円滑に契約締結に至るためには、財務会計制度に関連する法令の基礎知識を押さえておくことが避けては通れないのです。

　行政機関の情報システム関連の調達は、物やサービスを提供する物品・役務の調達に分類されます。他には建物の修繕や設置などを主に行う工事等の調達もあります。各行政機関のHP内には「調達情報」のページを設置していることが多く、その中に入札、落札結果情報も含まれていることがほとんどです。

　まずは、入札を検討している調達の所管である行政機関のHPに調達情報が掲載されているか確認してください。

　なお、財務省HPでは専門性の高い財務会計制度に関する用語の解説を行っているページもあるので、目を通してみるとよいでしょう。

財務省HP「用語の解説」

URL https://www.mof.go.jp/policy/budget/reference/statistics/term.htm

財務省の調達情報のページ

出典 財務省HP「調達情報」
URL https://www.mof.go.jp/application-contact/procurement/index.html

3.1.1　財務会計制度の関連法令

　入札に至るまでの流れを解説する前に、国と地方公共団体の違いを財務会計制度の観点から改めて見ておきます。

　1.4.3で、日本がデジタル技術により目指すべき社会の姿として「国・地方の構造改革」が必要であることに触れました。そして「国」は国全体のことを、「地方（地方公共団体）」はその地域に住まう住民や地域経済などに根差すことを重視しているのもこれまでに説明した通りです。そのため、お金の使い方にも「何に集中するか」の違いが反映されることになります。

　まず、国と地方公共団体では、財務会計制度を定める法令が異なります。国には財政法、会計法や国有財産法などさまざまな法律がありますが、地方公共団体は地方自治法第9章「財務」に集約されています。なお、国と地方公共団体とが財政運営上密接な関係にあることから、国・地方公共団体間での適切な公金の収納・支払い、円滑な財源の移転などを確保するために連動した制度が必要とされているため、国と地方公共団体での法律の対応関係が次の通り整理されています。

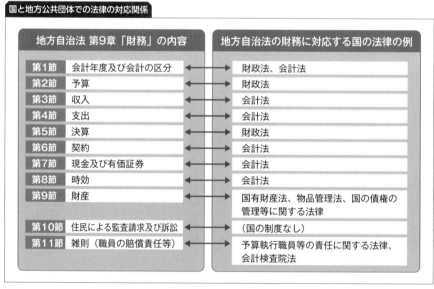

国と地方公共団体での法律の対応関係

地方自治法 第9章「財務」の内容	地方自治法の財務に対応する国の法律の例
第1節　会計年度及び会計の区分	財政法、会計法
第2節　予算	財政法
第3節　収入	会計法
第4節　支出	会計法
第5節　決算	財政法
第6節　契約	会計法
第7節　現金及び有価証券	会計法
第8節　時効	会計法
第9節　財産	国有財産法、物品管理法、国の債権の管理等に関する法律
第10節　住民による監査請求及び訴訟	（国の制度なし）
第11節　雑則（職員の賠償責任等）	予算執行職員等の責任に関する法律、会計検査院法

出典　総務省「地方公共団体の財務制度に関する研究会（参考資料集）」
URL　https://www.soumu.go.jp/main_content/000390705.pdf

それぞれの法律を見ていくと細かな違いはありますが、根幹のところは通じる内容が多く、**国と地方公共団体で法律が異なることと、なぜ異なるのか（つまりは、何に集中するためなのか）**を覚えておけば十分です。

3.1.2　入札参加資格の取得

　行政機関とビジネスを行っていく、調達案件を獲得するための土俵に上がるには、前述の財務会計制度の基礎知識だけでは不十分で、調達に参加するための資格が原則として必要となります。

　その資格を**入札参加資格**といいますが、国と地方公共団体とで異なります。さらに地方公共団体ごとに異なる場合があるだけでなく、一部では複数の地方公共団体が連携して入札参加資格の共通化を図っている場合もあります。

　また、2.5.2で触れた通り、SBIR特定補助金等の交付を受けた中小企業者等は、参加しようとする入札物件等の分野における技術力を証明できれば、入札参加資格のランクや過去の納入実績にかかわらず、入札参加が可能になるなど、さまざまなケースがあります。

　国の場合は予算決算および会計令第72条1項を根拠とした**「全省庁統一資格」**があります。その名の通り、国の機関は統一資格審査申請や調達情報検索サイトで一元的に入札参加資格の申請が可能となっています。

統一資格審査申請・調達情報検索サイト
URL https://www.chotatujoho.geps.go.jp/va/com/ShikakuTop.html

　地方公共団体は、地方自治法施行令第167条の5において、「普通地方公共団体の長は、前条に定めるもののほか、必要があるときは、一般競争入札に参加する者に必要な資格として、（中略）を要件とする資格を定めることができる」とされているため、**各地方公共団体で個別に資格を定めることができます**。

　以上のことから、まずは参加を検討する行政機関の情報システム関連の調達の実施主体で必要とされる入札参加資格はどうなっているかを確認する必要があります。その上で、調達に参加する前にあらかじめ各入札参加資格の申請手続きに従って申請する必要があり、調達実施主体に合わせて適切な入札参加資格を取得

しなければなりません。

　また、入札参加資格だけでなく、申請期限や申請方法も異なる場合もあるので、より注意が必要です。

　せっかく時間をかけて提案書を作成しても、それを調達担当職員に提出する際に、行政機関に適った入札参加資格がないことに気づいたのでは後の祭りです。

　国の全省庁統一資格は、インターネットによる電子申請が可能となっています。地方公共団体においても同様に電子申請が可能なところもありますが、書面でのやりとり、郵送または持込み（持参）による申請受付のみのケースがあるので注意しましょう。また、地方公共団体によっては、申請希望は電子申請ができるが、提出書類は郵送または持込みが必要な場合（例：千葉県電子自治体共同運営協議会「ちば電子調達システム」）もあるので、団体ごとにその都度確認してください。

**　国の全省庁統一資格の審査申請の場合、定期審査と随時審査があり、資格の有効期限は最大3年度分となります。**

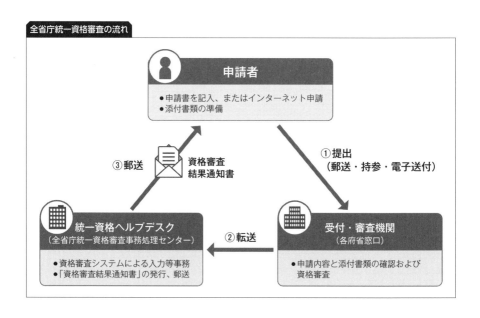

たとえば、令和4〜6年度に有効な資格に関する定期審査については令和4年1月31日で終了していますが、随時審査については令和4年2月1日から令和7年3月7日まで申請可能となっています。いずれの資格の有効期限も令和7年3月31日までとなります。

　なお、申請から資格審査結果通知書の発行までは、約1カ月半かかるので、**参加を予定している調達案件のスケジュールを十分に確認した上で、資格申請に必要な準備も考慮して余裕を持って申請を行うこと**が必要です。

　なお、地方公共団体においても同様な観点で注意しながら資格申請を行う必要があります。特に地方公共団体での資格申請については、繰り返しになりますが、それぞれ申請期限や申請方法も異なる場合があるので、調達に参加することを決める初期段階から余裕を持った事前準備を進めなければなりません。

　申請に必要な主な書類は、次の通りです（詳しくは統一資格審査申請・調達情報検索サイトを確認してください）。

全省庁統一資格の審査申請に必要な主な書類	
登記簿の写し	現在事項全部証明書または履歴事項全部証明書（法務局等で取得可能）
財務諸表	・賃借対照表、損益計算書および株主資本等変動計算書や正味財産増減計算書、収支計算書および財産目録等 ・個人の場合には確定申告書の控え
納税証明書	交付請求手続きを税務署へ行う
その他資料	・代理人が申請する場合には委任状 ・社名等で外字を使用する必要がある場合には外字届

　なお、申請の際の注意事項として、自社の「営業品目」を登録する必要がありますが、**このときに登録した営業品目以外での入札、契約はできないこと**を忘れてはいけません。営業品目は、商品や役務についてのカテゴリーの体系的な分類を指します。本書は情報システム関連を取り扱っていることから、皆さんの営業品目は「調査・研究」「情報処理」「ソフトウェア開発」「賃貸借」「電気通信用機器類」「電子計算機類」「事務用品類」などが当てはまると思いますが、**登録の際には営業品目と自社の公共調達における戦略・戦術を照らし合わせて最適となるようにすること**が大切です。

また、全省庁統一資格を取得すると、等級の格付け（ランク）がされます。物品の販売の場合には、A等級からD等級までのランクがあります。このランクは資格取得を行った民間事業者の能力を示すものではなく、事業者の規模を示しています。そのため、資格の等級に関係する審査項目には、営業経歴（会社を設立してからの営業年数）、自己資本額、製造・販売等実績（売上額、収入金額）などがあります。

　この等級により調達内容によっては制限がある場合もあり、たとえば、入札公告または入札仕様書の中で等級区分での制限として「A」「B」と記されている場合には、A等級とB等級は応札可能であるが、C等級とD等級では応札できないことになります。

　ただし、この例のような調達は大規模かつミッションクリティカルな情報システムを対象としていることがほとんどなのでそれほど心配する必要はありませんが、制限についてチェックを忘れないようにしましょう。

　なお、地方公共団体はすべてがバラバラな資格申請となるわけではありません。たとえば、「**東京電子自治体共同運営サービス**」は、東京都内の市区町村の自治体が共同で運営するサービスであり、このサービスでは、インターネットを利用して資格審査の申請、電子入札への参加および入札情報の閲覧を行うことが可能で、その対象は参加団体全体に及びます（参加団体はHP内で確認できる）。似たような取り組みは、神奈川県や千葉県にもあります。

東京電子自治体共同運営サービス
URL https://www.e-tokyo.lg.jp/top/index.html

かながわ電子入札共同システム
URL https://nyusatsu.e-kanagawa.lg.jp/

千葉県電子自治体共同運営協議会
URL http://www.e-chiba.org/

3.1.3 電子調達システムの利用

　国、地方公共団体のどちらも調達の電子化を進めています。国においては**政府電子調達（GEPS：Government Electronic Procurement System）**、地方公共団体においては、たとえば前述の東京電子自治体共同運営サービスのように、既に情報システムが整備され、電子調達が始まっています。

政府電子調達（GEPS）
URL https://www.geps.go.jp/bizportal/

　電子調達に参加するには、前述の入札参加資格だけではなく、電子調達システムを利用する際に利用者の認証を行うのに必要な**電子証明書**の取得をあらかじめ行わなければなりません。これは、「電子署名及び認証業務に関する法律（電子署名法）」に基づくもので、第3条では、本人による一定の要件を満たす電子署名が行われた電子文書等は、真正に成立したもの（本人の意思に基づき作成されたもの）と推定されます。

電子署名及び認証業務に関する法律

> **第3条**　電磁的記録であって情報を表すために作成されたもの（公務員が職務上作成したものを除く。）は、当該電磁的記録に記録された情報について本人による電子署名（これを行うために必要な符号及び物件を適正に管理することにより、本人だけが行うことができることとなるものに限る。）が行われているときは、真正に成立したものと推定する。

　また、電子署名法の施行により、認証業務のうち一定の基準を満たすものは内閣総理大臣および法務大臣の認定を受けることができる制度が導入され、電子証明書を提供する認証局としてサービスが提供されています。

☑ POINT

- 「電磁的記録」とは何かを知っておこう
- 行政機関特有の表現の意味は法令等から確認しよう

電子署名法第2条では「電磁的記録（電子的方式、磁気的方式その他人の知覚によっては認識することができない方式で作られる記録であって、電子計算機による情報処理の用に供されるものをいう）」と定義されています。

用いられている漢字の意味から類推できるでしょうが、見慣れていないと面食らうかもしれません。行政機関とビジネスを進めていく上で見慣れない言葉、特にIT業界でよく使う言葉が漢字で表現されていることに慣れておくと担当職員とのコミュニケーションがスムーズにいきます。電子署名法のように法律の中で定義されていることが多いので、もしわからない言葉があった場合は、法令等を確認するのも1つの手段です。

また、「電子署名」という技術寄りの内容であっても、法治主義の原則、成文法の通り、業務上の真正性を担保するためには、電子署名法という法的根拠を持たせることが必要であることがわかります。

　電子調達システムで利用可能な電子証明書は、「電子調達システム対応認証局一覧」で示されている認証局から取得することが可能です。電子認証の取得方法などの詳細は、各認証局のWebサイトを確認してください。

電子調達システム対応認証局一覧

認証局	ICカード形式	ファイル形式
NTTビジネスソリューションズ株式会社 ※2 （e-Probatio PS2サービスに係る認証局） URL https://www.e-probatio.com/	○	×
三菱電機インフォメーションネットワーク株式会社 ※2 （DIACERT-PLUSサービス） URL https://www.diacert.jp/plus/	○	×
セコムトラストシステムズ株式会社 ※2 （セコムパスポート for G-IDに係る認証局　タイプB （一般向け・属性型証明書）） URL https://www.secomtrust.net/service/ninsyo/forgid.html	×	○
株式会社帝国データバンク ※2 （TDB電子認証サービスTypeAに係る認証局） URL https://www.tdb.co.jp/typeA/index.html	○	×
電子認証登記所 （商業登記に基づく電子認証制度） URL https://www.moj.go.jp/ONLINE/CERTIFICATION/index.html	○ 日本電子認証※1 （法人認証 カードサービス）	○
株式会社トインクス （TOiNX電子入札対応認証サービスに係る認証局） URL https://www.toinx.net/ebs/info.html	○	×
日本電子認証株式会社 ※2 （AOSignサービスに係る認証局） URL https://www.ninsho.co.jp/aosign/	○	×
地方公共団体情報システム機構 （公的個人認証サービス）（マイナンバーカード） URL https://www.jpki.go.jp/	○	×

※1　商業登記に基づく電子認証制度の電子証明書は、ファイル形式の証明書だが、ICカードでの利用を希望される
　　　場合は、電子証明書の発行申請に必要なファイル等の作成から、電子証明書の取得，ICカードへの格納までを
　　　行うサービス（法人認証カードサービス）を提供している事業者がいる

※2　上記の認証局では電子証明書に電子委任状を設定できる。電子委任状に関する問合せ事項については、該当の
　　　認証局へ確認する

出典 政府電子調達（GEPS）「電子調達システムの利用開始方法」をもとに作成
URL https://www.geps.go.jp/bizportal/how_to_use

電子証明書は、IC カード形式とファイル形式の2種類があります。利用にあたっては、法人・個人事業主等の組織に所属する代表者等に対して発行される電子証明書を用意する必要があります。新規に電子証明書を申請する場合には、電子証明書に住所が格納されるよう、申請書（申請フォーム）に住所を明記しなければなりません。

　電子証明書を取得できたならば、次は電子調達システムを利用するためのパソコン環境を各自で用意する必要があります。

　入札日直前になって慌ててパソコン環境を用意するのではなく、あらかじめ余裕を持って準備することが大切です。

　必要となるパソコン環境の要素として、ソフトウェア、ハードウェア、およびネットワークがあります。例として、主な行政機関での電子調達システムで必要となる環境や手順などが示された Web ページを次に示します。

**調達ポータル・政府電子調達システムを
2020年（令和2年）1月6日以降利用する場合の手順**

URL https://www.rinya.maff.go.jp/kyusyu/kouhyou/denshi_chotatsu/attach/pdf/
index-10.pdf

東京電子自治体共同運営　電子調達サービス

URL https://www.e-tokyo.lg.jp/choutatu_ppij/cmn/tmg/cmn/jsp/indexQ.jsp

大阪府電子調達システムクライアント環境設定マニュアル

URL https://www.pref.osaka.lg.jp/attach/34138/00000000/OS-ST001.pdf

名古屋市電子調達システムの動作環境について

URL https://www.chotatsu.city.nagoya.jp/envinfo.htm

　応札を希望する各行政機関で採用している電子調達システムに応じて準備を進めるためには、各行政機関の HP を閲覧するなどし、推奨環境や設定手順を確認しましょう。

3.1.4 契約方式

　契約と聞いてすぐ思い浮かべるのは、情報システム開発での請負契約と準委任契約でしょうか。

　行政機関における情報システム開発関連の調達においても、民間企業との間で取り交わされる最終的な契約の大半は、民法第632条の請負契約、民法第656条の準委任契約のいずれかとなります。

　しかし、本書執筆時点では、**行政機関の情報システム開発については準委任契約は稀な状況であり、ほとんどが請負契約となっています**。IPAのアジャイル開発版「情報システム・モデル取引・契約書」では準委任契約が前提であるとしていますが、行政機関の会計・契約担当者が請負契約を好む傾向が強いという慣習から準委任契約があまり適用されていない状況なのです。

　なお、政府情報システム開発におけるアジャイル開発の適用について、「アジャイル開発実践ガイドブック」が令和3年3月30日に公開されただけでなく、デジタル改革が進み始めていることから、アジャイル開発の特徴を生かし切るためにも準委任契約の適用が増えていくことが今後期待されています。

3.2 調達プロセスの違いによる契約方式

　本節で触れる契約方式は、皆さんにはあまりなじみのないものだと思います。特にこれまでに行政機関特有の調達、入札に参加したことがない方は、行政職員との間での調達事務手続きにおいて円滑なコミュニケーションを行うために、前述の契約方式（請負契約、準委任契約）との違いを知っておく必要があります。

　調達プロセスの違いによる契約方式は、大別すると**「一般競争契約」「指名競争契約」「随意契約」**の3つに分けられます。詳細は後述しますが、概要は次の通りです。

調達プロセスの違いによる契約方式

契約方式	概　要
一般競争契約	事業者の競争参加が最もオープンであり、原則として採用される契約方式
指名競争契約	調達内容の性質または目的により、競争参加者は行政機関が指名した事業者だけとなる契約方式
随意契約	調達内容が競争に適さない場合、緊急性が高く競争させるための時間がない場合などに採用される契約方式

　国の場合、会計法第29条の3第1項では、「公告して申込みをさせることにより競争に付さなければならない」として**一般競争契約**を原則としています。

　2.5.2で公共調達における中小企業者等への支援について解説しましたが、地方公共団体では、「中小企業者等」という分類だけではなく、地域活性化、地域経済への貢献を目的として**「地元企業」**という分類を設け、いわゆる地元優遇となる調達が認められています。具体的には、地方自治法施行令第167条の5の2の入札参加者の資格要件として、事業所所在地を要件（以下、「地域要件」という）に定めることが可能です。3.1.1で述べた通り、国と地方公共団体では法体系が異なりますが、このような地域要件については地方公共団体にあって国にはないという違いがあります。

☑ POINT

- 初めての公共調達では次のことを確認しよう

➡ 「地域要件」が調達に含まれているか

➡ 中小企業者の受注の機会を確保するために必要な施策が活用できるか

　初めて公共調達への参加を検討している場合、公共調達に強い大企業といきなり対峙するのには不安があるでしょう。技術力、サービス提供能力などの他社に対して圧倒的な優位性がある場合は別として、少しでも優位に立つためには、可能な限り自社に優位に働く要件を取り入れた調達に参加することが勝つための秘訣です。自社の行政機関向け営業体制が十分であり、行政機関での予算要求時点から時間をかけて要求・要件の把握を行いながら見積書作成での支援などが可能であればかなり戦いやすいでしょうが、初めての公共調達参加では難しいでしょう。

総務省「入札・契約制度について」

　地域活性化の観点からは、地元企業が受注し地域経済に貢献することも求められており、この点も踏まえ調達がなされる必要があります。

　以上について制度面からまとめると、地方公共団体の調達について定める地方自治法では、最も競争性、透明性、経済性などに優れた一般競争入札を原則として掲げつつ、一定の場合には、指名競争入札、随意契約による方法により契約を締結することが認められています。

　また、地方自治法施行令では、入札に参加する者の資格要件について、事業所所在地を要件（いわゆる地域要件）として定めることを認めるとともに、総合評価方式による入札では、一定の地域貢献の実績などを評価項目に設定し、評価の対象にすることが許容されており、これらをもって地元企業の受注機会の確保を図ることが可能となっています。

　さらに、官公需についての中小企業者の受注の確保に関する法律において、地方公共団体は、国の施策に準じて、中小企業者の受注の機会を確保するために必要な施策を講ずるように努めなければならないとされています。

　各地方公共団体においては、これらの規定を適切に活用していくことが求められています。

出典 「地方公共団体の入札・契約制度」
URL https://www.soumu.go.jp/main_content/000025877.pdf

地方公共団体でも一般競争契約が原則となっていますが、地元企業の受注機会の確保を図ることによって地域活性化を行うことが可能であるならば、指名競争契約も可能です。

そのため、会社所在地の地方公共団体での調達であれば、たとえ競争相手が大企業であっても、十分に対抗できる場合もあります。

3.2.1 一般競争契約の特徴

一般競争契約とは、**契約に関する公告（官報や公報への掲載）を行い、入札参加資格等一定の資格を有する不特定多数の希望者を競争に参加させ、発注元となる行政機関に対して最も有利な条件を提供した者との間に締結する契約方式のこと**を指します。

事業者の調達への参加機会の均等性および公正性を保持しつつ、発注元にとって最も有利な条件である相手方を選定するため、行政機関においては一般競争契約が原則とされています。

一般競争契約のメリットとデメリット	
メリット	・広く競に争参加する機会を与え、機会均等性および競争性が高い ・契約相手方の選定プロセスにおける公平性が高い ・行政機関の便益、経済性を保つことができる
デメリット	・どのような者であっても一定の資格を有すれば競争に参加できてしまう ・価格のみの競争（最低価格落札方式）の場合は、成果物の品質を確保できない危険性がある ・他の契約方式に比べ、調達事務手続きの工数と公告等の経費がかかり、不特定多数の調達参加者に対する問い合わせや説明などに手間がかかる可能性がある

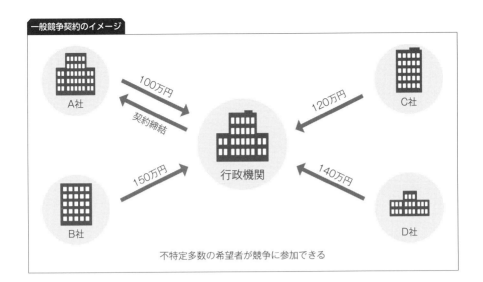

一般競争契約のイメージ

A社 ←100万円 契約締結→ 行政機関
150万円→ B社
120万円 ← C社
140万円 ← D社

不特定多数の希望者が競争に参加できる

3.2.2　指名競争契約の特徴

　指名競争契約とは、**資力（財産上の支払能力）、信用その他について適当であると発注元となる行政機関が認める特定多数の競争加入者を選んで競争させ、行政機関に対して最も有利な条件を提供した者との間に締結する契約方式のこと**を指します。会計法第29条の3第3項に規定されています。

指名競争契約のメリットとデメリット

メリット	一般競争契約のデメリット（誰でも参加できる）を避け、過去の実績などから成果物の品質を見込める事業者間で競争させることができる
デメリット	調達を実施する行政機関の担当者に知られていない事業者は指名されず、機会均等性が一般競争契約よりも低くなる

　指名競争契約は、一般競争契約と随意契約の長所を採り、短所を補完する中間的な契約方式という位置づけになると考えられています。

　ただし、行政機関からの指名がない場合には参加できないため、指名に偏向が起こりえる可能性があるとして、現在の国の調達においてはあまり採用されていません。特にスタートアップ企業においては、まだ行政機関の調達担当者にその

存在を知られていないことも多く、たとえ社名は知られていてもその事業内容や保持する技術・サービスについて熟知されていない場合に、競争に参加できるかもしれない案件であったとしても、指名競争契約であるが故に指名されない（競争に参加できない）おそれも想定されるためです。

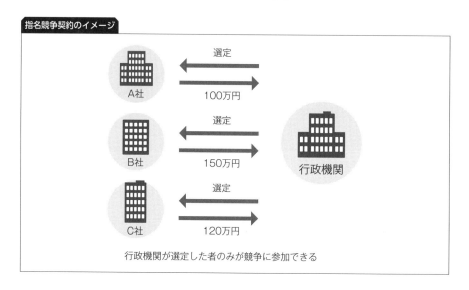

指名競争契約のイメージ

行政機関が選定した者のみが競争に参加できる

3.2.3　随意契約の特徴

　随意契約とは、**行政機関が契約の相手方を選定するのに競争の方法によることなく、任意に特定の者を選んで締結する契約方式のこと**を指します。会計法第29条の3第4項に規定されています。

　指名競争契約では、複数社を指名してから競争させることができるのに対し、随意契約では競争させることができないので、新規参入を目指す企業にとっては厳しい契約方式です。しかし、一方で自社の強みが十分に知れ渡っており、他社と比べて技術的な優位性が明らかで自分たちにしかできないものがあれば、随意契約は非常に有効な契約方式となるでしょう。

随意契約のメリットとデメリット

メリット	・資力、信用および能力（過去の履行実績などに基づく）の確実な者を選ぶことができる ・競争に関する調達事務が省けるので手続きが容易
デメリット	・ベンダーロックインの温床になりかねない ・公正な契約の締結が確保されないおそれがある

　ベンダーロックインとは、システムの中核部分に特定の企業の製品を組み込んで構成することで、他社製品への切り替えが困難になることです。

　このベンダーロックインについては、随意契約だけでなく、第2章で取り上げた公正取引委員会の「官公庁における情報システム調達に関する実態調査について」においても一般競争契約でも起こりえる問題として取り上げられています。

　随意契約については、過去の不祥事を踏まえ、次項で解説する「公共調達の適正化について」（財計第2017号　平成18年8月25日）が財務省から発出され、一般競争契約の原則を強く押し出し、随意契約についてはより厳格かつ適正に行うことが求められることとなっています。

　特殊な例となりますが、一般競争契約による入札において、開札をしても落札者がいなかった（不落に終わった）場合には、随意契約が可能になります。このことを不落随契といいます。

随意契約のイメージ

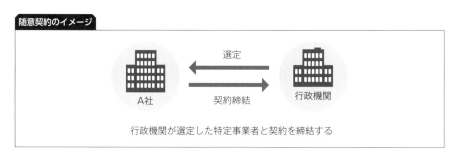

選定

A社　契約締結　行政機関

行政機関が選定した特定事業者と契約を締結する

3.2.4　公共調達の適正化

　各契約方式はそれぞれ特徴があり、一長一短の側面がある中で、公正性・公平性を担保しながら適切な価格で調達の実施を追い求める共通性もあります。

しかし、契約方式を決めるのは発注元となる行政機関の担当者であり、調達プロセスの透明性の確保はその担当者に多くの面でゆだねられることになります。

　そのため、各契約方式の理解を深めた上で、調達への参加機会を多くできるよう、つまり、**行政機関に対して調達の参加機会の公平性が確保されるように営業活動やマーケティング活動などを通して適切な対応を行っていくことが求められていく**のです。

　このような活動を行うにあたっては、次の財務省の**「公共調達の適正化について」**（財計第2017号　平成18年8月25日）を知っておくと、これを根拠として行政機関（特に国）の担当者とのコミュニケーションが図りやすくなるでしょう。

📖 公共調達の適正化について（抜粋）

　公共調達については、競争性及び透明性を確保することが必要であり、いやしくも国民から不適切な調達を行っているのではないかとの疑念を抱かれるようなことはあってはならない。

　しかしながら、昨今、公益法人等との契約に関する各省各庁の運用には、広範囲にわたり、安易に随意契約を行うなど、必ずしも適切とはいえない事例があるのではないかとの指摘が行われるなど、国民に対する説明責任を十全に果たしているとはいえない状況となっている。

　こうした指摘を踏まえ、政府として随意契約の適正化について取組を進めた結果、先般、「公共調達の適正化に関する関係省庁連絡会議」において「公益法人等との随意契約の適正化について」が取りまとめられ、競争性のない随意契約の見直しについての考え方が示されるとともに、今後取り組むべき課題として随意契約及び競争入札に係る情報公開の一層の充実等が盛り込まれたところである。

　このため、今般、入札及び契約に係る取扱い及び情報の公表等について、現在までに取り組んできた措置等も含め、改めて、下記のとおり定めたので、入札及び契約に係る手続きの一層厳格な取扱いを行うとともに、情報公開の充実に努められたい。

出典 財計第2017号
URL https://www.mof.go.jp/policy/budget/topics/public_purchase/koukyou/koukyou_02.htm

3.2.5　事業者選定方式・落札者決定方式

　事業者選定方式・落札者決定方式については、代表例として「最低価格落札方式」と「総合評価落札方式」の2つがあると2.3.3で触れました。

　最低価格落札方式と総合評価落札方式の両方に共通するのが価格での評価になります。このとき、事業者からの入札価格と比較する対象価格が必要になりますが、これは予算額そのものではなく「**予定価格**」になります。

　予算額を最大とした上で、その範囲内で予算執行の際の上限額とした予定価格を作成し、予定価格と事業者からの入札価格を比較して評価しているのです。

　予定価格は、市場価格や需給の状況、履行の難易度、数量の多寡、履行期間の長短などを考慮して、適正に定められるものです。加えて、予定価格については原則として秘密扱いになり、行政職員は事業者にこれを教えることはできませんし、もし教えてしまった場合には、その入札の競争性が損なわれるだけでなく、重大な情報漏えい事案になりかねません。

　ある地方公共団体においては例外的に予定価格を入札前に公表する場合もありますが、これは稀なケースです。

　総合評価落札方式は、価格点（業者入札価格と予定価格を比較して表した点数）と価格点以外の要素（技術力、創意工夫など）を総合的に評価する方式です。つまり、価格点と技術提案内容の評価結果による技術点の合計が最も高い点数となった業者が落札者となります。

　技術点については、基礎点と加点の2つがあります。加点については、発注元となる行政機関での調達目的、業務上は何を達成しなければならないのか、何を重要視して調達を行うかによって異なります。

　そのため、「目的と手段の取り違え」を起こさないよう配慮しながら、配点が高い加点項目で高評価を得ることができるかどうかが、入札での勝敗を分けることになります。

技術点の要素

基礎点

　仕様書などに明記された必須項目に対する提案内容が必要十分である場合に付与される点となり、入札参加の合否判定にも用いられます。

加点

　仕様書などに明記された必須項目の要求基準を超えた内容が事業者によって提案されており、なおかつその内容が発注者にとって有利（業務遂行が効率化できる、国民に対してより適切な行政サービスが可能になるなど）となると評価された場合に、あらかじめ定めた点数の範囲内で追加の点を与えます。

　たとえば、ある要件の1つの項目において最大で100点を与える場合には、評価の度合いによって「優」ならば100点、「良」ならば50点、「可」ならば25点、仕様書等で求めているレベルの域を脱していない場合には「加点なし」として0点とすることもあります。

　総合評価落札方式には、加算方式と除算方式の2つがありますが、**情報システム開発関係の調達では加算方式がほとんどとなります。**

　加算方式では、要求する技術の要素（専門的な技術やノウハウに係る創造性および新規性）がその結果に大きく影響される場合に技術点に重点を置くことが可能となっています。

　価格点に対する技術点の比率については、調達内容によって次のように異なります。

【加算方式】価格点に対する技術点の比率

調達内容　　　　　　価格点と技術点の比率
研究開発　　　　（価格点1：技術点3以内）
調査　　　　　　（価格点1：技術点2以内）
広報　　　　　　（価格点1：技術点2以内）
情報システム等　（価格点1：技術点3以内［主に開発］）

＜計算方法の例：情報システム等の場合＞

価格点＝（1－入札価格／予定価格）×（入札価格に係る得点配分）
総合評価点＝技術点＋価格点

　情報システム等における入札価格に係る得点配分は、価格点1に対して技術点3以内にできるので、たとえば設定した各項目の技術点（優）を合計して300点となった場合、100点となります。このとき、総合評価点の最大値（満点）は、300＋100＝400点となります。仮に予定価格が1,000万円の調達において、ある応札者の技術点の合計が250点、入札価格が900万円であった場合は、次の通りとなります。

価格点＝（1－900/1000）×100＝10点
総合評価点＝250＋10＝260点

☑ POINT

- **総合評価落札方式で確認しておくべきこと**

⮕ **調達の本来の目的を正確に理解しているか**

⮕ **価格点と技術点の比率はどうなっているか**

⮕ **技術点に含まれる加点の配分はどうなっているか**

　総合評価落札方式での入札に参加する場合、価格だけで他社に勝とうとするのはナンセンスです。自社の強みが加点となるよう、上記のポイントを確認し、技術点が最大化するよう提案に注力すべきです。

また、入札の公示がされてからの確定した仕様・要件に対しての提案活動ではなく、行政機関からのRFIや意見招請に積極的に参加し、まだ案段階である仕様・要件についても行政機関に対して意見を出していくことが大切です。その過程で調達に関係する行政職員とコミュニケーションを図ることで、早い段階でその調達の重点が見えてくることもあるでしょう。

　加えて加点配分が高い仕様・要件に対する提案を練る時間を十分に確保することが可能になり、より質の高い提案を行うことで入札の勝率を上げることが期待されます。

　最低価格落札方式と総合評価落札方式以外にもう1つ「**プロポーザル方式（企画競争）**」という方式もあります。最低価格落札方式と総合評価落札方式は一般競争契約に含まれるのに対し、プロポーザル方式は随意契約の一種となります。

　通常の随意契約では発注者である行政機関が任意に選んだ相手と契約を締結するのに対し、プロポーザル方式では任意ではなく企画書などによる提案内容と提案金額の総合的な評価に基づいて契約相手の優先順位を決定します。最も優先順位の高い提案者に対して最初の契約の優先交渉権を与え、契約交渉を行います。最初の優先交渉権者との契約交渉が不調になった場合は、改めて優先順位が次点の提案者との契約交渉になります。

　主に、建築コンサルタント業務（公共工事、建築物設計など）、情報システムに関係するコンサルティング業務、PFI（Private Finance Initiative）事業に関するアドバイザリー業務などがプロポーザル方式では採用されることが多い傾向にあります。

　プロポーザル方式と総合評価落札方式は似ているように見えますが、似て非なるものです。プロポーザル方式は、契約に至るまでの交渉が設定されているため、交渉によっては契約内容の変更が可能な場合があります。他方、総合評価落札方式では入札公告後の条件変更は原則できず、入札後の入札金額および提案内容の変更もできないことから、原則として契約内容の変更ができません。

　また、総合評価落札方式で落札者が決定された後で、契約に至らなかった場合には、再入札となります。

3.3 契約締結に至るまでの道のり

　行政機関が実際に民間事業者と契約を締結し、予算の執行を実施するまでの間にはさまざまな組織が関与しながら処理を進めることとなります。

　提案書の作成、入札での勝利だけにとらわれているのではなく、スムーズに契約を締結し、契約に基づいた調達内容の履行にシフトするために、行政機関特有の契約締結に至るまでの道のりをあらかじめ知っておくとよいでしょう。

3.3.1　予算編成から契約締結までの流れ

　通常、予算編成を行うのは、**実際に予算執行する前年度**になります。たとえば、令和5年度に執行する予算は、その前年度である令和4年度中に予算編成を行います。すなわち、行政機関が民間事業者に仕事を発注する1年前から予算編成を行っていることになります。

　なぜ1年もかける必要があるのかと疑問に思われる方がいらっしゃるかもしれませんが、その理由は本書で何度も述べている通り、行政機関における情報システム関連の調達には、国民が納めたお金（税金または保険料）を利用するからに他なりません。たとえば、地方公共団体においては、地方自治法第2条⑭にて「最少の経費で最大の効果を挙げるようにしなければならない」と定められている通り、国民が納めたお金を最大限有効活用するために丁寧な議論が必要であり、さまざまな組織がそれぞれの立場で吟味することでより適切な利用にしていくことが求められるのです。

　また、予算については2.3.1で説明した通り、令和5年度であれば、令和5年4月1日から令和6年3月31日までの間に予算執行（事業の実施、代金の支払いなど一連の手続きを済ませる）をしなければなりません。設計・開発に時間がかかる情報システムの調達の場合には、十分な設計・開発期間を確保するため、予算案が議会で議決された直後から公式な調達プロセスを走らせる必要があります。

すなわち、予算成立とともにスタートダッシュできるように前年度から入念な準備を計画立てて進め、予算編成の初期段階から営業提案活動を行うことがカギとなります。

3.3.2　まずは予算編成

予算がなければ情報システムを調達して整備することはできません。予算については「会計年度独立の原則」の通り、毎年度、翌年度の予算を国でも地方公共団体でも国民（住民）の投票で選ばれた議員による議会（国ならば国会、地方公共団体ならば都道府県議会や市区町村議会）での審議を経てからの議決が必須であることが大前提です。

議会での審議に至るまでには、行政機関側の中でのさまざまな調査や査定などの予算編成プロセスを経る必要があります。

情報システムを利用して実際の業務を遂行する業務担当部門からの要求に始まり、情報システムの整備・運用などを担当する情報システム担当部門でのシステム要件の確認、そして財務担当部門での調整があります。その後、議会に提出され、審議されます。

国と地方公共団体のそれぞれでは名称（役職、組織など）やスケジュールなどの違いはあれど、だいたい似たような予算編成プロセスとなります。

ただし、国の場合には、デジタル庁が令和3年9月1日に設置されたことに伴い、**デジタル庁設置法に基づいた情報システム関係予算の一括計上プロセス**が地方公共団体との大きな違いになります。また、地方公共団体では、一度査定で落ちた要求内容について予算要求部門が再チャレンジしたい場合には首長が再び査定を行う首長復活査定がある点が国とは異なります。

なお、国の予算編成の流れは次のページの図のようにn年度に予算を執行する前提での内容となります。府省または部署によっては、予算執行年度の2年前、つまり（n-2）年度から準備を始める場合もあります。

特に法令等の改正が絡む場合には、慎重な議論が必要になり時間を要することが多いため、法改正に伴って情報システムの新規開発または既存システムの改修が必要になる際には、早めの準備が開始されることがあります。地方公共団体の予算編成の流れは例として千葉市のものを載せていますが、10月以前の作業ス

ケジュールは国とほぼ同様です。

　行政機関での情報システム開発関係の調達での競争においては、ほぼ近道はなく、時間をかけての活動が必要となります。

国の予算編成の流れ

(n-2) 年度	● 社会情勢の変化や法改正等があれば、情報システムに求める機能などへ影響が出る場合がある ● 府省ごとに方針は異なるが、情報システムの調達担当者または企画担当者等は、早めにそれらの変化動向を察知して、要件の検討や民間事業者への (n-1) 年度に行う見積もり依頼内容などの準備を進める
(n-1) 年度 4〜8月	● n年度の情報システム関係予算について、情報システムの調達担当者または企画担当者等は、予算要求に必要な資料 (予算要求資料:目的、要求・要件、見積もりなどをまとめたもの) の準備を進める ● 目的を達成するために必要と考えられる機能について技術的な資料を収集し、複数の事業者との対話などを行いながら予算要求に必要な資料を段階的に詳細化していく ● この段階的な詳細化の過程で事業者から提出された見積もり精査なども行う ● 府省ごとに方針は異なるが、上記の情報システムの調達担当者または企画担当者等による準備は6月ぐらいまで行った後、準備した予算要求資料について府省内のPMO (府省内全体管理組織のこと。Portfolio Management Office) によるヒアリングを受け、検討内容や資料内容が十分でなかった点については、改善を7月ぐらいまで行う ● 上記までの改善作業後、各府省の会計担当部門へ予算要求資料を提出する ● 会計担当部門は、府省内から提出された予算要求を取りまとめて調整し、(n-1) 年8月末に概算要求としてデジタル庁へ提出する
(n-1) 年度 9〜11月	● 各府省から提出された予算要求のうち、情報システム整備に係る予算について、デジタル庁が資料の精査、ヒアリングを行う ● デジタル庁はこうした結果をとりまとめ、デジタル庁設置法第4条2項の18に基づき、国の行政機関が行う情報システムの整備および管理に関する事業に必要な予算を一括して財務省に要求する
(n-1) 年度 12月〜	● 予算の財務省原案を策定する ● その後、政府内で予算案の最終調整を行い、(n-1) 年12月末頃に開催される閣議に提出し、閣議決定したn年度予算案をn年1月に召集される通常国会へ提出する ● 国会審議を経て、衆参両院の可決によりn年度予算が成立する

出典 デジタル庁「デジタル・ガバメント推進標準ガイドライン実践ガイドブック（第3編第3章　予算及び執行）」の表3-1を参考に著者が作成

URL https://www.digital.go.jp/assets/contents/node/basic_page/field_ref_resources/e2a06143-ed29-4f1d-9c31-0f06fca67afc/2d9df6c5/20220509_resources_standard_guidelines_guideline_05.pdf

「予算」とは、地方公共団体の一会計年度内(4月～3月)における政策や事業の内容を、収入支出の 見積もりとして表したもの。千葉市の予算編成は、次のような手順で行われる

(10月9日)

予算編成方針を決定
新年度の予算を作るための方針が市長より示される

(10月16日)

サマーレビュー
予算編成の事前検討として、あらかじめ中長期的に見直さなければならない事業について、その方向性を検討する

(10月31日)

各局要求
予算編成方針に基づき、各局が、新年度に実施したい事業の予算を要求する

(11月～12月)

財政局調整
予算要求のあった事業内容について、新年度の収入（財源）見積もりと照合しながら、必要性・緊急性などを検討し、実施する事業を採択する

(1月中旬)

市長報告および査定
財政局長査定(調整)に基づく予算計上案の内容について市長に報告し、市長が予算案として決定する

(1月中旬)

財政局長内示
財政局長段階の査定（調整）結果を各部局に提示する

(1月中旬)

市長復活査定
財政局長内示結果に対して、再調整を要する場合に、市長の判断を求める

(1月下旬)

示達
復活要望されたものについての市長査定結果を各部局に通知する

(2月中旬)

予算案の公表
第1回定例会への提出予定議案を議会運営委員会で説明し、あわせて予算案の内容を公表する

(2月～3月)

議会で審議・議決
予算案は市議会に提出され、審議・議決されて成立する

(4月～)

各局で事業実施
予算に基づいて、事業を実施する

出典 千葉市「予算編成の流れ」をもとに作成

URL https://www.city.chiba.jp/zaiseikyoku/zaisei/zaisei/documents/01yosanhensei_3.pdf

（n-1）年度、行政機関はn年度予算を確保するための根拠として概算要求用の見積もりを取得しなければなりません。そのため、行政機関は過去の類似調達案件で応札を行ったことがある事業者、行政機関へ営業に来たことがある事業者、行政機関の調達担当者が自ら調査を行って見つけた事業者などに対して概算要求用の見積もりの作成依頼をかけることになります。

　この概算要求用見積もりの取得にあたっては、行政機関から依頼がかかる関係性をそれまでにどの程度築けているかが重要になってきます。それにより、実際の提案内容を練るための十分な時間を割けるかに作用してきます。

　概算要求用見積もりの作成依頼の時点から携わっていれば、予算成立後の調達公告が出てから提案内容を練るよりも時間的猶予があります。実際の調達においては調達公告から提案書提出締め切りまでの時間がタイトな場合もあり、その場合には提案を練る十分な時間がなく、本来の実力が発揮できないかもしれません。特にスタートアップ企業では豊富な営業人員を抱えることができず、行政機関との接点を築く機会を多く作れません。そのため、調達公告が出てから提案を検討することも多くあります。ただし、2.5.1で触れた通り、スタートアップ企業をはじめとした中小企業者等に対しては調達への参加をしやすくする取り組みが各種なされているため、心配しすぎもよくありません。調達公告後の提案検討であったとしても、自社で活用できる制度などを確認することが大切です。

　予算要求時点から予算執行年度に入札が公示されるまでの間に自社が調達元の行政機関から評価されやすい提案ができる環境作りができるかが重要となります。

☑POINT

- **環境作りで注意すべき確認事項を押さえよう（再掲）**

　➡ **事業者選定方式・落札者決定方式がどれになるか**

　➡ **適切な見積もりを出し、必要な予算が確保できたか**

　➡ **調達担当職員に対して十分に自社の強みをインプットできたか（その結果として仕様・要件がどうなったか）**

国の予算については、毎年度、財務省が公表しているだけでなく、各府省においてもHPで公表している場合があります。その中から予算がついた項目の名称を元にして自らのビジネスに関係しそうなものを探していくのも1つの糸口になります。その後、その予算の要求元となる担当部署の担当者にコンタクトを取ることになります。

　行政機関によっては、その年度の予算におけるポイント、何に重点を置いているのか、その背景は何かなどを記した資料を公表している場合があり、単純に予算額と予算項目名から糸口を見つけるよりも内容（施策、業務、情報システム概要など）に踏み込んだ情報を得られます。

　次に挙げるのは令和4年度予算の例です。毎年度似たような形式で公開されるので、調達に参加しようと考えている年度の内容を適宜参照してください。

財務省「令和4年度予算のポイント」
URL https://www.mof.go.jp/policy/budget/budger_workflow/budget/fy2022/seifuan2022/01.pdf

厚生労働省「令和4年度厚生労働省所管予算概算要求関係」
URL https://www.mhlw.go.jp/wp/yosan/yosan/22syokan/

東京都財務局「令和4年度予算」
URL https://www.zaimu.metro.tokyo.lg.jp/zaisei/yosan/r4.html

京都市情報館「令和4年度予算について」
URL https://www.city.kyoto.lg.jp/gyozai/page/0000290208.html

　本項の冒頭で「会計年度独立の原則」を取り上げていますが、原則でないものもあります。その代表格が財政法第15条第1項の規定に基づく「国庫債務負担行為」です。複数年度（最大5年）にわたって国が支出の義務を負担することであり、単年度ではない予算を編成することも可能です。

　なお、一般的に行政機関の支出の原因となる契約その他の行為を**「支出負担行為」**といいます。財政法で「予算を以て、国会の議決を経なければならない」こととされており、次のような手続きが必要になります。

📖 **国庫債務負担行為の手続き**

① 初年度予算に、当該年度以降、国が債務を負担することのできる限度額を計上して国会の議決を経る
② ①の限度額の範囲内で国が後年度にわたって支出義務を負うことについて、国庫債務負担行為の決議を行う
③ 各年度の歳出予算に国が実際に支出を行うための歳出予定額を計上して、国会の議決を経る
④ ③の歳出予定額の範囲内で代金を支払うための支出負担行為を行い、支出を行う

出典 会計検査院「官庁会計システムを利用した国庫債務負担行為に係る事務処理の作業手順を見直すなどして誤びゅう発生を防止するための取組を行うことにより、債務に関する計算書の計数の正確性が確保されるよう財務大臣に対して是正改善の処置を求めたものについての報告書（要旨）」
URL https://www.jbaudit.go.jp/pr/kensa/result/25/pdf/250729_youshi_1.pdf

地方公共団体においては、地方自治法第214条において**「債務負担行為」**として規定されています。

3.3.3　一般競争契約による入札でのプロセス

　一般競争契約による入札の場合、調達内容にもよりますが、入札公示から契約締結に至るまでは2～3カ月程度かかります。

　低価格入札（あまりにも予定価格よりも低い金額での入札）があった場合には、低価格入札を行った事業者が調達内容について履行可能かどうかを確認し、契約締結の可否を判断する**低入札価格調査制度**もあります。

> 　工事・製造その他についての請負契約において、①予定価格の制限の範囲内で最低の価格をもって申込みをした者の当該申込みに係る価格ではその者により当該契約の内容に適合した履行がされないおそれがあると認める場合、または②その者と契約を締結することが公正な取引の秩序を乱すこととなるおそれがあって著しく不適当であると認める場合には、最低価格の入札者を落札者とせずに、次に低い価格で申込みをした者を落札者とするもの（地方自治法施行令167の10①）

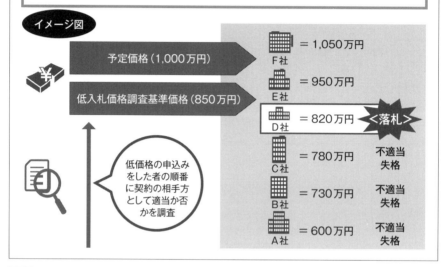

出典 総務省「地方公共団体の入札・契約制度」をもとに作成
URL https://www.soumu.go.jp/main_content/000452717.pdf

　低入札価格調査制度については各行政機関で運用されているので、応札を検討している行政機関のHPなどであらかじめ確認しておくとよいでしょう。

環境省
「製造その他の請負契約における低入札価格調査制度について」
URL https://www.env.go.jp/kanbo/chotatsu/notice/no070629005.pdf

京都府「低入札価格調査・最低制限価格制度」
URL https://www.pref.kyoto.jp/nyusatu/nyukeiseido/teinyu.html

低入札価格調査によって契約締結の可否の判断が出るまでには時間がかかる場合もあり、前述の2～3カ月程度では収まらないこともあります。納期が非常に短い調達の場合は、この調査が適用されることで契約締結までの時間を消費して開発などの作業時間をロスしないよう、入札金額を検討する必要があります。

　なお、このようなことが起こらないようにあらかじめ発注元において**最低制限価格制度**を適用して最低制限価格を設け、履行の確保が難しい（いわゆる「安かろう、悪かろう」になる）と考えられる金額での応札者を失格にすることもあるので、入札金額は十分に検討しましょう。

最低制限価格制度の仕組み

　工事・製造その他についての請負契約において、当該契約の内容に適合した履行を確保するため特に必要があると認めるときは、あらかじめ最低制限価格を設けた上で、予定価格の制限の範囲内の価格で最低制限価格以上の価格をもって申込みをした者のうち最低の価格をもって申込みをした者を落札者とするもの（地方自治法施行令167の10②）

イメージ図

予定価格（1,000万円）

F社 ＝ 1,050万円

E社 ＝ 950万円

D社 ＝ 820万円　＜落札＞

最低制限価格（800万円）

C社 ＝ 780万円　失格

＜失格＞

B社 ＝ 730万円　失格

A社 ＝ 600万円　失格

出典 総務省「地方公共団体の入札・契約制度」をもとに作成
URL https://www.soumu.go.jp/main_content/000452717.pdf

開札後、無事に落札者が決定した場合には、落札者は落札内訳書（積算内訳書、請負代金内訳書など）を発注元である行政機関の担当者へ提出します。

　続いて契約書の取り交わしになり、契約が締結されたならば、落札者から受注者（受託者）の立場になり、情報システムの開発などの作業を進め、履行責任を果たしていくことになります。

　その際、契約書に定められた期限（納期）までに必要な作業を完了させて納品することになるわけですが、**行政機関が事業者と締結した契約に基づいて代金を支払うときは、行政機関による納品時の検査（検収）を受けることが必須となります**。

　契約の適正な履行を確保するために検査は義務となることが、会計法第29条の11、地方自治法第234条の2で定められています。

　国との契約の場合には、契約金額が200万円を超えると、検査を行った結果を正式な書面として示した「**検査調書**」の作成が行政機関において必須となります。すなわち、200万円以下であれば検査調書は不要（ただし、財務省のように検査調書を簡易にした「検査確認書」が必要な場合もある）となるわけですが、この場合、検査調書が不要なだけであって、検査は必須であることに変わりはありません。

　なお、地方公共団体の場合には、検査調書の扱いについてはそれぞれの条例で定めているため、一意に定まっていない状況です。

　参考までとなりますが、東京都は国と同じく200万円であるものの、大阪府では150万円がしきい値となります。

　次ページに一例として財務省における検査調書を示します。

検査調書の例

別紙第2号様式〔第11〕

年　　月　　日

（契約担当官等）　　殿

検査職員

官職氏名

検　　査　　調　　書

　　下記について、検査した結果、契約書及び仕様書並びに設計書に基づいて履行され
たものであることを確認します。

記

検　　査　　件　　名		
契　　約　　金　　額	円（数量　　　単価　　　）	
契　約　の　相　手　方		
納　入 引渡し　場　　　所		
契　　約　　期　　間	自　年　月　日　　　　至　年　月　日	
納　入 引渡し　の通知を受けた日	年　月　日	
検　　査　　年　　月　　日	年　月　日	
検査者　立会 　　監　督　職　員		契約の 相手方
契約担当職員		
既　納 既　済　年　月　日	年　月　日	
部　分　払　の　限　度　額		
備　　　　　　考		

（注）　1　本調書は、契約の種類に応じ該当欄を記載し作成すること。

　　　　2　既済、既納年月日欄及び部分払の限度額欄については、給付の完了前に代価の一部を支払う必要
　　　　　のある契約に係るものの検査についてのみ記載すること。

　　　　3　備考欄には、出来栄え、その他検査職員が当該検査に対する所見を記載すること。

　　　　4　用紙寸法　日本産業規格A列4とする。

出典「財務省所管における契約履行上の監督及び検査事務取扱要領の制定について」
URL https://lfb.mof.go.jp/kantou/content/000005474.pdf

3.3.4 国際入札の対象となる場合

　日本はWTO（世界貿易機関：World Trade Organization）の加盟国であり、WTO協定（WTO設立協定及びその附属協定）を結んでいます。また、WTO政府調達協定（WTO "Agreement on Government Procurement"）も結んでいることから、この協定が適用される日本国内の調達機関においては、WTO政府調達協定の条文に記載された内容を守ることが求められます。

WTO政府調達協定加盟国（2021年1月現在）

①締約国・地域

アルメニア、オーストラリア、カナダ、欧州連合（EU）、香港、アイスランド、イスラエル、日本、韓国、リヒテンシュタイン、モルドバ、モンテネグロ、オランダ領アルバ、ニュージーランド、ノルウェー、シンガポール、スイス、台湾、ウクライナ、イギリス、アメリカ

②加入申請・交渉国・地域

アルバニア、ブラジル、中国、ジョージア、ヨルダン、カザフスタン、キルギス、北マケドニア、オマーン、ロシア、タジキスタン

③オブザーバー国・地域

アフガニスタン、アルゼンチン、バーレーン、ベラルーシ、カメルーン、チリ、コロンビア、コスタリカ、コートジボワール、エクアドル、インド、インドネシア、マレーシア、モンゴル、パナマ、パキスタン、パラグアイ、フィリピン、サウジアラビア、セーシェル、スリランカ、タイ、トルコ、ベトナム

　WTO政府調達協定が適用される機関における調達については、まさしくグローバルでの世界各国（協定を結んだ国）の事業者との競争となることがあります。

　ただし、本協定が適用されるのは**一定の基準額を超える契約予定金額を設定した調達**です。本協定における基準額はSDR（Special Drawing Rights）という単位を用いますが、このSDRを邦貨換算額として円にしたものを外務省が公表しています。

外国為替レートの変動があるのと同様に、SDRと円の換算についても定期的に見直しがあり、外務省の「政府調達協定及び我が国の自主的措置の定める『基準額』及び『邦貨換算額』」のWebページで公表されます。

本書執筆時点では、令和4年4月1日から令和6年3月31日までの間であれば、物品調達については、中央政府の機関であれば10万SDR（1,500万円）以上、地方政府の機関であれば20万SDR（3,000万円）以上の場合、本協定が適用されます。

 参照 外務省「政府調達協定及び我が国の自主的措置の定める『基準額』及び『邦貨換算額』」
URL https://www.mofa.go.jp/mofaj/annai/shocho/chotatsu/kijyungaku.html

本協定が適用される調達については、地理的要因や時差などを考慮し、外国企業が入札に参加しやすいように長期間の公告掲載とすることなどが義務づけられています。

通常の日本国内の一般競争入札では、入札の前日から起算して10日前までに入札公告する必要があります。それに対し、本協定を適用する場合には、入札の前日から起算して40日前に官報により公告しなければなりません。差し引き30日あるので、ポジティブに捉えれば、本協定が適用されるほうが提案内容をより深く練る時間にもあてられることになり、競争力を高めることにつながるとも考えられます。

本協定が適用される調達の場合、英文で入札公告を出すので、協定適用の可否が公告での英文の有無で見分けがつきます。世界との競争になるか、日本国内の企業だけとの競争になるか、営業的な戦略・戦術をどうするかの判断材料の1つになるでしょう。

WTO政府調達協定

 参照 外務省のWTO政府調達協定のWebページ

URL https://www.mofa.go.jp/mofaj/gaiko/wto/chotatu.html

WTO政府調達協定が適用される機関

 参照 中央政府の機関 （協定附属書I付表1に掲げる機関）
※会計法の適用を受ける全ての機関

URL https://www.mofa.go.jp/mofaj/ecm/it/page23_000834.html

 参照 地方政府の機関 （協定附属書I付表2に掲げる地方政府の機関）
※地方自治法の適用を受ける全ての都道府県及び指定都市

URL https://www.mofa.go.jp/mofaj/ecm/it/page23_000835.html

 参照 その他の機関 （協定附属書I付表3に掲げるその他の機関）
※独立行政法人等

URL https://www.mofa.go.jp/mofaj/ecm/it/page24_000219.html

3.4 公共調達においてより注意すべき事項

ここまで、調達において注意すべき事項を述べてきましたが、ここでは社会的な影響やビジネスへの影響が大きく、より注意すべき事項をまとめて示します。

3.4.1 公平性、公正性、透明性

本書では度々出てくる公平性、公正性、透明性ですが、改めて公共調達では最重要であると宣言しておきます。

本書のこれまでの説明の通り、国民のお金（税金または保険料）を利用して公共調達を行うこと、そして日本は法治主義、成文法であることを忘れてはいけません。

特に「入札談合」については、公正取引委員会の指針において「入札談合は、入札制度の実質を失わしめるものであるとともに、競争制限行為を禁止する独占禁止法の規定に違反する行為である」とされているだけではなく、各種報道でも大きく取り上げられる内容でもあり、忌むべきことです。

公正取引委員会は、入札談合の防止を図るとともに、事業者および事業者団体の適正な活動に役立てる目的で**「公共的な入札に係る事業者及び事業者団体の活動に関する独占禁止法上の指針」**を公表しています。この指針では、入札に係る事業者および事業者団体のどのような活動が独占禁止法上問題となるかについて、具体例を挙げながら明らかにしているので、入札談合を防ぐためにとても参考になります。

 公正取引委員会「公共的な入札に係る事業者及び事業者団体の活動に関する独占禁止法上の指針（抄）」
URL https://www.jftc.go.jp/dk/guideline/unyoukijun/kokyonyusatsu.html

予定価格を事前公表する取り組みを公的に行っている地方公共団体は別として、通常、秘密とされる予定価格を事業者が行政職員から聞き出そうとする行為も違反となります。

　これは、予定価格の漏えいは談合の温床となる場合が多くあるためでもあり、そもそも論として予定価格は秘密です。予定価格を漏えいしたと嫌疑をかけられた行政職員は、場合によっては「入札談合等関与行為の排除及び防止並びに職員による入札等の公正を害すべき行為の処罰に関する法律」の第8条により罰せられる可能性があります。これらは、いわゆる官製談合、官製入札不正といわれるものにあたります。

 入札談合等関与行為の排除及び防止並びに職員による入札等の公正を害すべき行為の処罰に関する法律

（職員による入札等の妨害）

第8条　職員が、その所属する国等が入札等により行う売買、貸借、請負その他の契約の締結に関し、その職務に反し、事業者その他の者に談合を唆すこと、事業者その他の者に予定価格その他の入札等に関する秘密を教示すること又はその他の方法により、当該入札等の公正を害すべき行為を行ったときは、5年以下の懲役又は250万円以下の罰金に処する。

3.4.2　行政機関からの支払い

　行政機関とのビジネスにおいては、入金が遅滞することはない、つまり必ず契約で定められた期日までに行政機関からの支払いがあるという特徴があります。

　しかし、「会計年度独立の原則」の通り、年度ごとの予算は、原則としてその年の4月1日から翌年の3月31日までの期間でのみ執行できることもあり、行政機関によっては年度最後の月である3月末にまとめて支払う場合もありました。たとえ受託した情報システム開発の期間が10月末までで期日通り納品できたとしても、翌年3月末支払いになることもありえるため、**受託する際に取り交わす契約書の支払日に関する内容を確認すること**が重要です。特に中小企業者等にとっ

ては、納品後すぐに入金がないとキャッシュフローに行き詰まってしまう事態になりかねません。

　なお、「令和3年度中小企業者に関する国等の契約の基本方針について」（令和3年9月24日　閣議決定）では、中小企業・小規模事業者との物件等の契約に対して納期・工期の柔軟な対応および代金の迅速な支払いに努めることを通知しています。もし、契約書を締結する前に支払日について行政機関と交渉する場合には、この閣議決定文書を根拠にして交渉に臨むとよいでしょう。

 「令和3年度中小企業者に関する国等の契約の基本方針について」（令和3年9月24日　閣議決定）（抜粋）

（2）納期・工期の柔軟な対応及び代金の迅速な支払

　国等は、中小企業・小規模事業者との物件等の契約において、納期・工期について柔軟な対応を行うとともに、代金の支払については、発注に係る工事等の完了後（前金払、中間前金払においてはその都度）、速やかに支払いを行うよう努めるものとする。

`URL` https://www.meti.go.jp/press/2021/09/20210924004/20210924004-2.pdf

---

3.4.3　会計検査（会計監査）

　納品後の検収、検査調書については発注元である行政機関の職員が行うことになります。

　民間企業においては、公認会計士によって行われる財務諸表監査があり、会社法上の大会社や金融商品取引法における上場会社等においては公認会計士監査が義務づけられていることは、よくご存じかと思います。行政機関においても収入および支出の決算について、国の場合には会計検査院による会計検査、地方公共団体の場合には監査委員による会計監査が必要となります。

　会計検査院は、国の収入支出の決算、政府関係機関・独立行政法人等の会計、国が補助金等の財政援助を与えているものの会計などの検査を行う憲法上の独立した機関とされています。地方公共団体においても外部監査人を入れて会計監査

を行う外部監査制度が導入されています。

　会計検査院では、次の5つの観点から検査を行っています。

① 決算の表示が予算執行等の財務の状況を正確に表現しているか
　　（正確性：Accuracy）
② 会計経理が予算、法律、政令等に従って適正に処理されているか
　　（合規性：Regularity）
③ 事務・事業の遂行および予算の執行が、より少ない費用で実施できないか
　　（経済性：Economy）
④ 業務の実施に際し、同じ費用でより大きな成果が得られないか、あるいは費
　　用との対比で最大限の成果を得ているか
　　（効率性：Efficiency）
⑤ 事務・事業の遂行および予算の執行の結果が、所期の目的を達成している
　　か、また、効果を上げているか
　　（有効性：Effectiveness）

　なお、経済性、効率性および有効性の検査は、それぞれの英語の頭文字が「E」であることから、総称して**「3E検査」**と呼ばれています。

　この3E検査は、特に情報システムについて、行政職員の業務で役に立っているのか、国民に対して便利な行政サービスを提供できるようになっているのかなどの点を検証する上でも重要になっています。

　単純に仕様書・要件定義書に記載された機能を作って動かすだけではなく、正しく機能し、適切な時間内で処理が完了し、正確な結果を利用者（国民、行政職員）に提供し、業務や行政サービスでの本来の目的を達成した上で利用者が便利になったと実感できるような情報システムが納品されたのかが問われることになります。

　行政機関での情報システム開発関連の調達で提案を行う際、そして受託した際にも上記のような観点を意識しながら活動すると、会計検査院からのネガティブな検査結果を受けずに済むでしょう。また、そのような検査結果であれば、ポジティブな知名度向上にもつながっていくと考えられ、受注拡大に向けた活動にもプラスに作用します。

　最後に、ネガティブな検査結果の一例を挙げておきます。2.1.2で子ども・子育

て支援法を取り上げましたが、それに関連した「子ども・子育て支援全国総合システム」という内閣府が調達を行った情報システムについて、会計検査院が平成28年度に検査を行い、平成29年10月に内閣総理大臣宛てに検査報告が提出されました。その後の流れは次の通りです。

ネガティブな検査結果の末路はどうなるのか？

●検査報告の後、「廃止」

　検査報告ではそもそもの業務、そして情報システムの目的の確認に始まり、かかった費用、具体的な利用率などの定量的な数値、利用者からのヒアリング内容、そして利用が進まない原因の分析を行った上で、子ども・子育て支援全国総合システムが「その目的を十分に達成していない」と結論づけ、改善を促す意見を示しています。

　平成29年度、平成30年度にも検査報告が行われた結果、同システムを令和元年度で廃止することを内閣府が判断しました。

●検査報告は公表される

　これらの検査報告は、内閣総理大臣に提出されるだけでなく、会計検査院のHPで公表されます。また、過去の調達の落札者は官報に公示されることから、調達件名または情報システム名からたどっていくと落札者名も容易に調べることができます。

　以上のような公表事項を仮に突き合わせた結果として、自社の名前がネガティブな方向で独り歩きしないようにするには、業務や行政サービスでの本来の目的を達成した上で、利用者が便利になったと実感できるような情報システムを設計・開発・構築し、納品できるかどうかにかかっています。

●どうして改善できなかったのか？（推察）

　子ども・子育て支援全国総合システムの例では、初回の検査報告から数えて3回目で廃止となっているように、納品後の運用段階での改善を試みる時間はあったものの根本的な改善には至らず残念な結果となっています。これから類推されることは、改善しにくい、すなわち情報システムとしては改修しにくい作りになっていたのではないでしょうか。

●教訓として

このような事例を教訓として捉え、業務や行政サービスでの本来の目的の達成に貢献する情報システム開発を行えるよう、調達プロセスの各段階で調達担当職員や利用者との対話を密にし、協働することが大切です。

【会計検査院】平成30年度決算検査報告（抜粋）

「子ども・子育て支援全国総合システムの運用状況について」

平成29年12月から30年3月にかけて市町村に対するアンケート調査、都道府県等に対する聞き取り調査および市町村等における交付申請等の業務の実態等に関する調査研究を行い、市町村等における業務の実態等や総合システムの運用状況を把握したり、登録が進まない要因を分析したりして、31年4月までに総合システムの運用等について見直しなどを行った結果、総合システムは令和元年度で廃止することとした。

出典 会計検査院「子ども・子育て支援全国総合システムの運用状況について」
URL https://report.jbaudit.go.jp/org/h30/2018-h30-0079-0.htm

会計検査院がなぜここまでの検査報告をできるかというと、次に示す内容が根拠となっています。

📖　会計検査院の地位

国の活動は、予算の執行を通じて行われます。

予算は、内閣によって編成され、国会で審議して成立したのち、各府省等によって執行されます。

そして、その執行の結果について、決算が作成され、国会で審査が行われます。

予算が適切かつ有効に執行されたかどうかをチェックすることと、その結果が次の予算の編成や執行に反映されることが、国の行財政活動を健全に維持していく上できわめて重要です。

そこで、憲法は、「国の収入支出の決算は、すべて毎年会計検査院がこれを検査し、内閣は、次の年度に、その検査報告とともに、これを国会に提出しなければならない。」と定めています。

また、会計検査院は、このほか、国有財産、国の債権・債務、「国が出資している法人」や「国が補助金等の財政援助を与えている地方公共団体」などの会計を検査しています。

`URL` https://www.jbaudit.go.jp/jbaudit/position.html

　改めて、受託者となった場合には、国民が納めたお金を適切に活用しているかの視点、そして自身も国民であることを忘れないことが大切なのです。

Chapter 4 ● ● ●

よりよい提案と
開発のために

本章では、これまで触れてきた内容を踏まえ、よりよい提案となるよう、そして実際に受託できた場合に開発が円滑に進むよう具体的に技術的な観点を中心に解説します。

しかし、技術的な観点からだけだと乗り越えるのが困難な、あらかじめ知っていないとすぐに対処しにくい行政機関特有の壁に遭遇することもあります。その壁を回避できる方法もあわせて解説します。

4.1 注目すべき知識・スキル

　本節では1.5.3で解説した行政機関での情報システム開発関連で重要視されている次の4つの知識・スキルについて解説を行います。

情報システム開発で重要な4つのスキル

業務継続性	アジャイル開発	クラウドサービス利活用	データマネジメント

4.1.1 「業務継続性」の確保

　民間企業では、情報システムを利用して効率的に業務を行うだけでなく、さまざまな情報通信技術を応用して顧客や取引先に対して便利なサービスを提供してビジネスの最適化を図っています。

　それと同様に、行政機関でも業務遂行において情報システムおよび情報通信技術を利用することが当たり前になってきていますが、まだまだデジタル化を達成するには道半ばの状況です。

　新型コロナウイルス感染症の流行が浮かび上がらせた課題として、迅速かつ適切にテレワークでの業務環境を整えられずに業務遂行に支障が生じるケース、申請手続き関連の情報システムに対する急激なアクセスの増加に伴って処理が滞るケースなど、非常時における業務継続に関することが挙げられます。

　この「非常時」には、感染症のような緊急な対策が必要となるものだけでなく、外部からのサイバー攻撃や職員の不注意による情報漏えいのような情報セキュリティ・インシデント、地震や台風のような自然災害も含まれ、常時（平時）には

ない何らかの危機的事象が発生している状況（「危機的事象発生時」ともいう）も含まれます。

　国民の生活基盤を支える行政サービスを担う行政機関においては、非常時にはより一層の重要な役割を国民に対して果たす必要があります。

　非常時における情報通信技術を利用した業務の継続性を確保するため、情報システムを継続または復旧させることにより、その利用に係る影響、特に国民の安全や利益に対して重大な影響をもたらす情報システムの停止を最小限に抑えられるようにあらかじめ計画を策定しておくことが肝心です。そして、**「業務継続計画（BCP：Business Continuity Plan）」として、非常時に参照し適切に危機的事象に対処できるようにしておくことが求められるのです。**

　東日本大震災の際には、電力供給の逼迫や通信回線サービスの障害などの影響により、情報通信技術の利用に強く依存した業務の滞りが顕著化しました。その教訓を踏まえ、国においては平成23年3月に**「政府機関等における情報システム運用継続計画ガイドライン」**の初版が公表されています。

内閣官房 内閣サイバーセキュリティセンター（NISC）
「『政府機関等における情報システム運用継続計画ガイドライン』の改定について」
URL https://www.nisc.go.jp/policy/group/general/itbcp-guideline.html

　また、地方公共団体向けには、総務省での「災害に強い電子自治体に関する研究会」の議論の結果を踏まえた「ICT部門の業務継続計画」関連の各種ドキュメントが公表されています。

総務省「災害に強い電子自治体に関する研究会」
URL https://www.soumu.go.jp/main_sosiki/kenkyu/denshijichi/index.html

　これら情報システムを利用した業務に関する業務継続計画を「IT-BCP」ということがあります。

　なお、「政府機関等における情報システム運用継続計画ガイドライン」については、令和3年4月に第3版が公表され、新型コロナウイルス感染症についても言及がなされました。

行政機関におけるBCPの策定については、一般的なBCPの策定と同様に、非常時における限られた人員や予算を効果的に活用することが求められます。**行政サービスが滞った場合、国民に及ぼす影響の大きさを具体的に評価することによって、「守るべき業務」と「守るべき水準」を事前に定めておくことが重要となるのです。**「守るべき業務」と「守るべき水準」については、業務を所管する行政機関、つまり情報システムの発注元にて明確に定められているかを確認することがまずは必要です。これは、情報システムのどの機能（「守るべき業務」を支える必須機能）を優先的に復旧させるべきなのか、情報システムに蓄積されているデータをどの程度バックアップしておくべきか、または修復させるべきなのかなどの情報システム要件をこちらでは決められないためです。

　そのため、**あらかじめ業務要件定義の中でBCPに関する正確な内容を行政機関**に確認しておくことが重要となります。具体的には、費用に影響するバックアップするデータに関する事項（量、保管場所など）、構成する機器・サービスの冗長性、情報システムを支える要員（運用、保守）といった可用性に関する要件に対して適切に費用を見積もり、適切な予算の要求または執行ができるようにするといった作業が発生します。

　また、「政府機関等における情報システム運用継続計画ガイドライン」では、「非常時優先業務」というものが定義されており、「危機的事象発生時において組織が優先的に実施する業務を指す」と定義されています。

　同ガイドラインでは、情報システムの復旧優先度の設定の検討を示しており、その中で「非常時優先業務と情報システムの関連整理」をまずは行うよう促しています。そして「情報システム運用継続に必要な構成要素の整理」を行い、「情報システムを支える構成要素ごとに、情報システムの復旧優先度に応じた目標対策レベルを設定する」とした上で、「現状の対策の確認およびリスクの評価」を行い、適切な計画を整備できるよう検討すべき作業内容を具体的に示しています。

　なお、同ガイドラインの地方公共団体向けといえる**「ICT部門の業務継続計画＜初動版解説書＞」**においては、「復旧優先業務」という表現ですが、同様に地方公共団体に適した計画の策定手順が具体的に示されています。

　上記で取り上げたガイドラインなどを考慮した要件が明確になっているかを行政機関の調達担当職員に確認できれば、業務や行政サービスの重要性を理解して真摯に行動していると認識され、好印象を与えることでしょう。

☑ POINT

- **抽象的表現がないか確認しよう**
- **具体的な数値を確認しよう**

　行政機関の仕様書等では、情報システムが停止してしまった場合に許容される停止時間（復旧するまでに要する時間、目標復旧時間〔RTO：Recovery Time Objective〕）が具体的に示されておらず、「遅滞なく」「速やかに」といった抽象的表現で復旧するよう求めている場合があり、事業者ごとの解釈の違いが発生するおそれがあります。特に一般競争契約による入札の場合には、その解釈の違いが入札金額に反映され、差が生まれる可能性があります。公正・公平な競争環境を形成する観点で、仕様書等で「遅滞なく」「速やかに」といった抽象的表現があった場合には、行政機関の調達担当職員に対し、たとえば「RTOは何時間ですか？　具体的な数値を要件として示してください」と質問して確認するようにしましょう。

　業務内容や調達内容によっては、SLA（Service Level Agreement：サービス品質保証）を要件定義で明確にしておくことも重要です。

　社会的影響が大きな業務を支える情報システムであることが明らかであるにもかかわらず、これらの確認を怠り、システム稼働後に停止した場合には、大きな問題となりかねません。転ばぬ先の杖として、仕様書等での抽象的表現については具体的な数値を確認しましょう。

4.1.2　アジャイル開発

　アジャイル開発とは、プロジェクト開発の際に、各作業をできるだけ小さい単位で区切り、短い開発期間に分け、実装とテストを繰り返しながら素早くプロジェクトを進めていく方法です。

　情報通信技術を利用して行政サービスを迅速かつ柔軟に提供できるようにする、社会環境などの変化への対応を行えるようにすることを目指すにあたっては、アジャイル開発の考え方を行政機関でも取り入れたほうがよいという意見が多くなっています。

特に「アジャイルソフトウェア開発宣言」に記されている内容は、これまでに挙げてきた課題を解決するためには必要不可欠です。

参照 **アジャイルソフトウェア開発宣言**
URL https://agilemanifesto.org/iso/ja/manifesto.html

経済産業省ではDX推進に関する取り組みの一環として、同省が所管する独立行政法人情報処理推進機構（IPA）がユーザー・ベンダー間の緊密な協働によるシステム開発について、DXを推進する目的で「アジャイル開発版『情報システム・モデル取引・契約書』」を令和2年3月31日にリリースしました。

この中で、開発対象全体の要件や仕様を確定してから開発を行うウォーターフォール開発とは異なり、アジャイル開発は、そのプロセスの中で機能の追加・変更や優先順位の変更、先行リリース部分の改善などに柔軟に対応できる手法であるとし、準委任契約が前提であるとしています。

参照 **IPA「アジャイル開発版「『情報システム・モデル取引・契約書』」**
URL https://www.ipa.go.jp/ikc/reports/20200331_1.html

一部の行政機関においては、情報システムの調達においてアジャイル開発を仕様書等に記載し、実際にアジャイル開発の手法を活用して開発が進められたものもあります。

しかし、まだまだウォーターフォールでの開発が主流であり、行政側の調達担当職員のアジャイル開発に関する知識が不十分であることから、その普及は道半ばというところです。加えて、契約方式についても準委任契約ではなく、請負契約になる傾向が強いという課題もあります。

これは、行政機関の会計・契約担当職員が請負契約を好む傾向が強いからであり、準委任契約ができないわけではありません。IPAの「アジャイル開発版『情報システム・モデル取引・契約書』」をそのまま行政機関でも適用できるわけではありませんが、アジャイル開発の特徴をうまく生かすためには、行政機関での契約の在り方も含めて議論の余地がまだある状況なのです。

このような課題がある中、課題を克服して政府情報システム開発におけるアジャイル開発の適用を支援する目的で、デジタル庁の前身である内閣官房情報通

信技術（IT）総合戦略室の政府CIO補佐官を中心とした専門家が各府省での情報システム開発でアジャイル開発に果敢に挑んだ実例を持ち寄り、**「アジャイル開発実践ガイドブック」** としてまとめ、令和3年3月30日に公開しました。

 ## アジャイル開発実践ガイドブック（抜粋）

【概要】

　政府情報システムの利用は府省職員だけではなく、自治体及び国民までその範囲とするため、昨今の社会環境の変化や多様化に基づき、様々なニーズに迅速に応えていく必要性が高まっています。この観点から、政府情報システム開発においても、従来の開発スタイルとは別にアジャイル開発という選択肢を設ける必要があります。

　本ガイドブックでは、アジャイル開発を理解するためにまず必要とされる基本的な知識を提供します。

1.1　背景と目的

　アジャイル開発は、協働という価値観の下に成り立っており、システム開発の関係者がお互いに協力し合う姿勢がその前提となっています。ただアジャイル開発の方法を知っているだけでは有効には機能しません。（中略）

・府省職員の理解

　職員はアジャイル開発の役割の1つである「プロダクトオーナー」としての振る舞いを理解する必要があります。システム開発全般にわたって、主体的に関与しなければなりません。

・事業者の理解

　職員及びその支援者だけがアジャイル開発に対応できれば良いわけではありません。実際にシステム開発にあたる事業者の協力が不可欠であり、事業者側も従来の開発スタイルに拘泥することなく、アジャイル開発への適応が求められます。

　URL https://cio.go.jp/sites/default/files/uploads/documents/Agile-kaihatsu-jissen-guide_20210330.pdf

このガイドブックは、整備方針のルール・進め方として示されている「デジタル・ガバメント推進標準ガイドライン群の整備」に含まれるドキュメントの1つになります。

整備方針はデジタル大臣決定文書となるため、その中で規定されているデジタル・ガバメント推進標準ガイドライン群は文書の位置づけとして高いものになります。

☑ POINT

- **文書の位置づけを気にかけるようにしよう**

  行政職員と仕事をする際、業務遂行のための根拠となる文書が大切ですが、その文書の立てつけ（位置づけ）によって要求・要件の優先順位も変わることがあるので注意する必要があります。

  また、デジタル・ガバメント推進標準ガイドライン群は、「デジタル・ガバメント推進標準ガイドライン」を中心に関連するドキュメントの集合体（群）の総称になります。デジタル・ガバメント推進標準ガイドラインは、行政のサービス・業務改革に伴う政府情報システムの整備および管理について、その手順や各組織の役割などを定める体系的な政府共通ルールとなり、調達を含めた一連のプロセスを含んでいます。そのため、政府情報システム関連の調達に参加する場合は、あらかじめ必読となります。

  URL https://www.digital.go.jp/resources/standard_guidelines/

4.1.3　クラウドサービスの利活用

アジャイル開発でも触れた次の2点を実現する上でクラウドサービスの活用は欠かせません。

- 行政サービスを迅速かつ柔軟に提供
- 社会環境などの変化への対応

クラウドサービスの特徴としては、各サービスの仕様や利用方法を十分に理解

した上で正しい選択を行えば、コスト削減に加えて、情報システムの迅速な整備、柔軟なリソースの増減、自動化された運用による高度な信頼性などの恩恵にあずかることが可能です。

　新型コロナウイルス感染症が蔓延するに至るまでの間、行政機関の大半はハードウェアを調達してその上でフルスクラッチ（一からすべてを作り上げること）でのアプリケーションソフトウェア開発を行ってきました。いわゆるオンプレミス（情報システムを使用者が管理する施設内に設置して運用すること）での調達です。

　これは、自らの目の届く範囲に物理的にハードウェアがあるほうが安全・安心と考える傾向が強いことが主な要因と考えられます。クラウドサービスの利用が民間企業で広まる中にあっても、行政機関においては情報セキュリティやオンプレミスからクラウドサービスへの移行リスクへの漠然とした不安、不十分な事実認識などから、前向きでなかった側面は否めません。

　しかし、日本国内の名だたる民間企業でのクラウドサービスの活用事例が増えるだけでなく、中にはレガシーのミッションクリティカルな業務基幹系システムをクラウドサービスへ移行し、運用効率の向上やコスト削減などの成果も目にする機会が増えています。

　そういった民間での実績の積み上げ、ノウハウの蓄積、そして諸外国の行政機関での導入実績を踏まえ、日本でも政府情報システムのシステム方式についてもコスト削減や柔軟なリソースの増減などの観点から、クラウドサービスの採用をデフォルト（第一候補）とする「クラウド・バイ・デフォルト原則」が平成29年5月の閣議決定文書の中でも触れられた後、平成30年6月にデジタル・ガバメント推進標準ガイドライン群の1つとして**「政府情報システムにおけるクラウドサービスの利用に係る基本方針」**が公開されました。

📖 情報システムの整備及び管理の基本的な方針（抜粋）

1-5. ルール・進め方

1-5-1. デジタル・ガバメント推進標準ガイドライン群の整備プロジェクトを成功させ、生み出す価値を最大化するためには、「共通ルール」の下で、各府省及び政府全体のITガバナンス及びITマネジメントを強化することが必要である。また、政府情報システムの統一的・効率的な整備を進めるためには、デジタル庁が共通機能を整備・提供するだけでなく、情報システムに関する各種の基準・標準を定め、各府省がこれに沿って整備を進める必要がある。

このため、ITガバナンス及びITマネジメントの強化並びに政府情報システムの統一的・効率的な整備に資するため、政府情報システムの整備及び管理に関して、その手続・手順に関する基本的な方針及び事項並びに政府内の各組織の役割等を定める体系的な政府の共通ルールである「デジタル・ガバメント推進標準ガイドライン」（令和3年9月10日デジタル社会推進会議幹事会決定）等のデジタル・ガバメント推進標準ガイドライン群について、本方針を踏まえ、必要な改定等を行っていく。

出典 https://cio.go.jp/sites/default/files/uploads/documents/digital/20211224_development_management_02.pdf

---

クラウドサービスでの情報セキュリティに関する漠然とした不安を取り除く効果を期待し、政府機関等におけるクラウドサービスの導入にあたって情報セキュリティ対策が十分に行われているサービスを調達できるよう、令和2年6月に内閣サイバーセキュリティセンター（NISC）・内閣官房情報通信技術（IT）総合戦略室・総務省・経済産業省の連携の下、**「政府情報システムのためのセキュリティ評価制度（Information system Security Management and Assessment Program：通称ISMAP【イスマップ】）」** が立ち上がりました。なお、現在は内閣官房（IT）総合戦略室の廃止に伴い、デジタル庁がISMAPの運営を担っています。

ISMAPは、情報システムを調達する府省庁等が、ISMAP制度に基づいて監査が実施されたクラウドサービスが登録されたリスト（ISMAPクラウドサービスリスト）の中から調達を行うことを原則とする制度になります。

　もし独自にクラウドサービスを開発・運用しており、政府情報システムでの採用をもくろむのであれば、制度に則って監査手続きを行い、審査の上でISMAPクラウドサービスリストへの登録を検討することが必要です。

　なお、「調達を行うことを原則とする」とは、調達を実施する府省庁等は、適切なリスクアセスメント、業務への影響度分析などを実施した上で組織として判断するのであれば、ISMAPクラウドサービスリストに登録されていないサービスの利用も可能であるため、「原則」という表現になっています。

　現状、ISMAPクラウドサービスリストには26社36サービスが登録（令和4年8月10日時点）されており、制度開始当初から少しずつ増えています。その数は今後も増えると思いますので、リストの最新版を確認するようにしましょう。

　ISMAPクラウドサービスリストへの登録には、制度に則って監査手続を行い審査を受ける必要があるため、非常に負担（コスト、時間、労力や手間）がかかります。そのため、大手クラウドサービスプロバイダーの代表的なサービスのみが登録できている状況にあります。

　そこで、審査にかかる負担を軽減してより多くのクラウドサービスの活用促進を図る、情報セキュリティ上のリスクの小さな業務・情報の処理に用いるSaaSサービスに対する仕組みとして、**ISMAP for Low-Impact Use（通称：ISMAP-LIU【イスマップ・エルアイユー】）**が新たな制度として2022年度中に設けられる予定です。

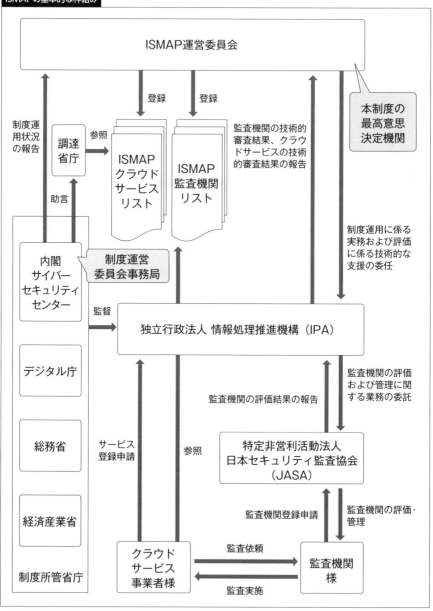

出典 ISMAP概要

URL https://www.ismap.go.jp/csm?id=kb_article_view&sysparm_article=KB0010005&sys_kb_id=d50c
6f24db31c9906e6cb915f39619f5&spa=1

ISMAP-LIUの新設については、重点計画でも次のように明記されていることから、2022年度中に制度の仕組みを策定し、当該仕組みを利用したクラウドサービスの申請受付を開始することとなります。

重点計画（抜粋）

4．サイバーセキュリティ等の安全・安心の確保

① サイバーセキュリティの確保

　政府情報システムのためのセキュリティ評価制度（ISMAP）において、セキュリティリスクの小さい業務・情報を扱うシステムが利用するクラウドサービスに対する仕組みを、令和4年（2022年）中に策定し、当該仕組みを利用したクラウドサービスの申請受付を開始するなど、クラウド・バイ・デフォルトの拡大を推進する。

`URL` https://www.digital.go.jp/policies/priority-policy-program/

また、スタートアップの促進などを後押ししている政府の新しい資本主義実現会議におけるフォローアップにおいても次のような記述があります。

フォローアップ
（令和4年6月7日　新しい資本主義実現会議）（抜粋）

4．GX（グリーン・トランスフォーメーション）及び
**　　DX（デジタル・トランスフォーメーション）への投資**

（2）DXへの投資

• 政府情報システムのためのセキュリティ評価制度（ISMAP）において、セキュリティリスクの小さい業務・情報を扱うシステムが利用するクラウドサービスに対する仕組みを2022年中に構築する。

`URL` https://www.cas.go.jp/jp/seisaku/atarashii_sihonsyugi/pdf/fu2022.pdf

ISMAP-LIUは、情報セキュリティ上のリスクの小さな業務・情報を取り扱う政府情報システムを対象とするため、新たなSaaSサービスの開発・提供をもくろむスタートアップ企業が政府情報システムの調達に参入しやすくする施策とも考えられます。

皆さんの中には、民間企業向けの情報システム開発において、クラウドサービスを活用することで、既存ベンダーとの競争に打ち勝ち、新規顧客を獲得した実績がある方もいるでしょう。既存ベンダーがハードウェアメーカーである場合、顧客もハードウェアの制約に縛られ（ベンダーロックイン）、移行コストや業務への影響、それによるリスクを避けるために顧客担当者がベンダーの変更を躊躇してきました。けれども、クラウドサービスの利用が拡大することで、そうした不安を払拭することができ、既存ベンダーに取って代わるチャンスが増えています。**特にクラウドサービスをフルに活用し、クラウドネイティブな環境でアジャイル開発でアプリケーション開発を進めている会社であれば、なお一層の受注獲得のチャンスとなります。**

また、ここ数年の半導体需要の急速な増大に伴い、供給が追いついていません。自動車メーカーの工場の操業を一旦停止して休業する、サーバやPCの納期が遅れるなどといった報道からも目に見える形で半導体問題が現れています。加えて、世界での紛争によるレアメタルや燃料の供給問題も発生しています。そのため、ハードウェアを個々に調達するオンプレミス開発ではなく、クラウドサービスを活用することに期待が置かれています。

以上のことから、情報システム開発においては、自社製造のハードウェアを持たざる者へのチャンス到来ともいえ、クラウドサービスの活用により純粋なソフトウェア技術力・アプリケーション開発能力で勝負できる環境にあるといえるのです。

地方公共団体においてもデジタル庁が主導している**ガバメントクラウド**へ市町村の基幹業務システムを移行する課題検証の先行事業（費用は国が負担）の公募が開始され、令和3年10月、応募のあった52件の中から8件が採択されました。

ガバメントクラウドへの採択団体一覧

団体名（団体規模順）	団体規模	システム構成	評価した点
神戸市	20万人以上（指定都市）	マルチベンダー	・政令指定都市、かつ、影響度の高い住基および共通基盤がリフト対象 ・他の大規模団体へのモデルとなり得る
倉敷市（高松市、松山市と共同提案）	20万人以上	マルチベンダー	・3団体が同じアプリ製品を使用してリフト ・共同検証実施により、構築・移行方法とアプリ種類が同一下においての検証結果を得ること（構築・移行方法やアプリ以外に、影響を与える要因を調査）が可能と考えられる
盛岡市	20万人以上	オールインワンパッケージ	・費用対効果の検証について、現状における比較、5年後での比較、KPIを定めて検証を実施 ・ハウジング、自庁サーバで運用しており、クラウド利用の実績がない団体のモデルケースとしても有用と考えられる
佐倉市	5万人以上20万人未満	マルチベンダー	主要17業務をすべて含む合計27システムをリフトに加え、マネージド型のPaaSサービスおよびクラウドが提供するテンプレート機能を積極利用し構築・移行
宇和島市	5万人以上20万人未満	オールインワンパッケージ	低コストで、主要17業務をすべて含む合計55システムをリフトしての検証が可能
須坂市	5万人以上20万人未満	オールインワンパッケージ	・ガバメントクラウド接続に県域WANを共同利用する接続検証を実施 ・既存のインフラを活用した移行のモデルとなり得る
美里町（川島町と共同提案）	5万人未満	オールインワンパッケージ	クラウド移行について、複数の方式を検討・試行し、費用、移行時間、品質、セキュリティ、作業負担などの観点から比較を行うことで、他団体が移行方法を検討する際のモデルとなり得る
笠置町	5万人未満	マルチベンダー	・フレッツ光対象外の地域ならではとして、安価に接続できることができる回線のあり方を検証 ・同様の事情を抱える団体のモデルケースとして有用と考えられる

出典 デジタル庁「ガバメントクラウド先行事業の採択結果について（市町村の基幹業務システム）」をもとに作成
URL https://www.digital.go.jp/assets/contents/node/information/field_ref_resources/8c953d48-271d-467e-8e4c-f7baa8ec018b/20211026_news_local_governments_01.pdf

　原則、基幹業務システムについては、令和7年度末までに、デジタル庁が調達するガバメントクラウドを活用し、標準準拠システムを市町村が安心して利用できるようにするため、ガバメントクラウドへの移行に係る課題の検証を行う先行事業を令和3年度および令和4年度にかけて実施することとされています。

　先行事業において市町村が安心してガバメントクラウドや回線を利用できることを検証した上で、令和5年度から、アプリ開発事業者がガバメントクラウド上に標準準拠アプリを構築し、市町村の状況に応じて移行を進めていく

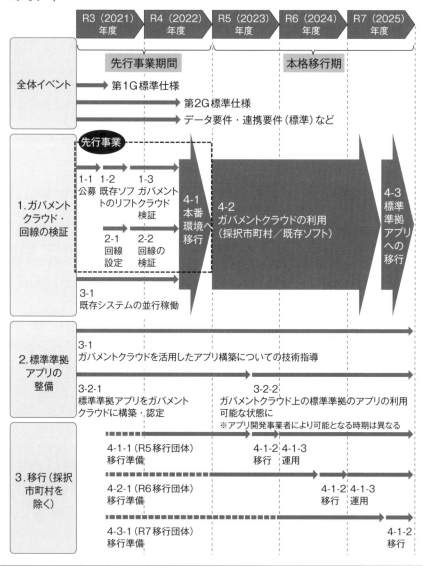

出典 デジタル庁「地方自治体のガバメントクラウド活用に関する検討状況」をもとに作成
URL https://www.soumu.go.jp/main_content/000778961.pdf

今後、地方公共団体の基幹業務システムの調達への参入を検討する場合には、**各採択団体における先行事業の内容を確認し、課題検証の結果がどうなるのかをトレースしていくこと**をお勧めします。

　なお、デジタル庁ガバメントクラウドチームにおいては、noteでの情報発信も行っているので、そちらを確認しておくのもよいでしょう。

デジタル庁 ガバメントクラウド note
URL https://cloud-gov.note.jp/

4.1.4　データマネジメント

　行政機関におけるデータマネジメントは、主に次の2つの観点で重要視されています。

- **行政文書の適切な管理**
- **公的統計の適切な管理とEBPM（Evidence-Based Policy Making：証拠に基づく政策立案）の推進**

　また、データマネジメントは、デジタル庁が提供する「政府相互運用性フレームワーク（GIF：Government Interoperability Framework）」にも含まれています。

　GIFは、デジタル・ガバメント推進標準ガイドラインの下、データの利活用、連携がスムーズに行える社会を実現するための技術的体系（フレームワーク）になり、このフレームワークを利用してデータを整備することで、拡張性が高く、連携が容易なデータを設計できるようになると期待されています。

　また、1.3.2で触れた重点計画においても「データマネジメントの強化」が記載されており、その重要性が増していることから、どのようにしてデータマネジメントを行うかについて、より具体的に示した各種ガイドブックの整備が順次なされることになっています。

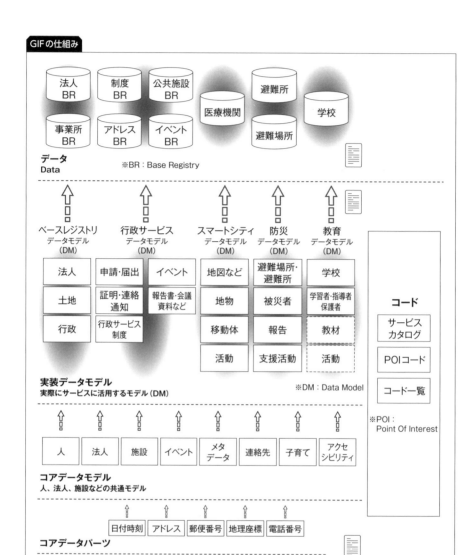

GIF の仕組み

データ
Data　　※BR：Base Registry

- 法人 BR
- 制度 BR
- 公共施設 BR
- 事業所 BR
- アドレス BR
- イベント BR
- 医療機関
- 避難所
- 避難場所
- 学校

ベースレジストリ
データモデル
（DM）

| 法人 |
| 土地 |
| 行政 |

行政サービス
データモデル
（DM）

申請・届出	イベント
証明・連絡通知	報告書・会議資料など
行政サービス制度	

スマートシティ
データモデル
（DM）

| 地図など |
| 地物 |
| 移動体 |
| 活動 |

防災
データモデル
（DM）

| 避難場所・避難所 |
| 被災者 |
| 報告 |
| 支援活動 |

教育
データモデル
（DM）

| 学校 |
| 学習者・指導者保護者 |
| 教材 |
| 活動 |

コード

- サービスカタログ
- POIコード
- コード一覧

※POI：
Point Of Interest

実装データモデル
実際にサービスに活用するモデル (DM)　　※DM：Data Model

| 人 | 法人 | 施設 | イベント | メタデータ | 連絡先 | 子育て | アクセシビリティ |

コアデータモデル
人、法人、施設などの共通モデル

| 日付時刻 | アドレス | 郵便番号 | 地理座標 | 電話番号 |

コアデータパーツ

コア語彙
（データ項目辞書）

数値データ　　　文字データ
（センサーデータ）（漢字・カナ・ローマ字・英字）

出典 デジタル庁「政府相互運用性フレームワーク（GIF）」をもとに作成
URL https://www.digital.go.jp/policies/data_strategy_government_interoperability_framework/

📖 **重点計画（抜粋）**

イ　データマネジメントの強化

　基盤となるデータの整備、オープンデータも含むデータの生成・利活用、トラストの確保等を幅広く捉えた包括的なデータマネジメントを推進していく必要がある。

　データの生成・設計・開発の工程に関しては、政府情報システムの開発の手順を示した標準である政府標準ガイドライン群のほか、デジタル庁が整備するデータ標準やデータ品質管理フレームワークを積極的に活用する必要がある。このため、令和3年度中に、データ標準及びデータ品質管理ガイドブックを策定・公開する。

　また、令和3年3月に「環境省データマネジメントポリシー」が策定され、同ポリシーに基づく行政データ連携の推進や保有データのオープン化の取組が進められているところであり、こうした取組の実施状況も参考にしつつ、政府におけるデータマネジメントの在り方を検討する。

　情報システム整備方針や相互連携分野において各府省庁が策定する標準に係る整備方針にこれらを反映させるとともに、デジタル庁が関わる情報システム整備の際に、これらへの遵守を要件とするなど実効性の確保を検討する。これらにより、ライフサイクルを通じた再利用性の高いデータの整備を行っていく。

URL https://www.digital.go.jp/policies/priority-policy-program/

　GIF関連の実践ガイドブックの中に、令和4年3月31日に公開された**「データマネジメント実践ガイドブック（導入編）」**と**「データマネジメント実践ガイドブック（運用編）」**の2つが含まれています。

政府相互運用性フレームワーク（GIF）460.実践ガイドブック
URL https://www.digital.go.jp/policies/data_strategy_government_interoperability_
framework/460/

　これらのガイドブックを活用し、データマネジメントを考慮して行政機関向け情報システムの提案・設計・開発の際に参考にすると、その情報システム上のデータの適切な活用が促進され、情報システムそのものの活用も進み、業務上の

価値が向上することにつながります。

　なお、データマネジメントについて詳しく触れる前に、行政機関において「データ」を指す法令用語である**「電磁的記録」**を知っておく必要があります。

　電磁的記録の定義でよく参照されるのは刑法第7条の2になりますが、民事訴訟法第3条の7第3項、電子記録債権法第2条の4や商業登記法第7条の22など他の法律においても同様の定義となっています。

 刑法

> **第7条の2**　この法律において「電磁的記録」とは、電子的方式、磁気的方式その他人の知覚によっては認識することができない方式で作られる記録であって、電子計算機による情報処理の用に供されるものをいう。

　電磁的記録を保存するメディア（DVD-ROM、ハードディスク等）を「電磁的記録媒体」といい、電磁的記録が保存された電磁的記録媒体を「電磁的記録物」といいます。また、電磁的記録物を「電子媒体」、略して「電媒」という表現をする場合もあります。なお、本書では行政文書や法令等の原文を参照する場合以外では、「データ」として表記することとしています。

　1.3.1で触れた「成文法」にも関連しますが、行政職員が普段の業務を行っていく上で重要なのが「行政文書」の管理（作成、修正、保存、廃棄・移管まで）となります。

　行政文書は公文書等の管理に関する法律第2条で定義され、「公文書」に含まれます。なお、同法における行政文書は国の行政機関を対象としていますが、地方公共団体においては第34条に則って「公文書管理条例」を制定して公文書管理に努めることとされています。

　「お役所は紙文化」などと揶揄されることがありますが、これにも根拠があり、行政文書は、長らく紙媒体を正本・原本として扱ってきたことに起因するものです。

　しかし、「行政文書の電子的管理についての基本的な方針」（平成31年3月25日　内閣総理大臣決定）において、電子媒体の正本・原本化の理念が掲げられたことに伴い、デジタル化が進みつつあるのが現状です。

行政文書の電子的管理についての基本的な方針（概要）

2. 取組の理念

① 今後作成する行政文書は、電子媒体を正本・原本。

② 利便性・効率性と機密保持・改ざん防止のバランス確保。プロセス全体を電子化。

③ 手作業を自動処理化して確実・効果的に管理可能な枠組み構築。政府全体では、新たな国立公文書館の開館時期（2026年度）を目途として本格的な電子的管理に移行。

URL https://www8.cao.go.jp/chosei/koubun/densi/dennshigaiyou.pdf

　行政職員の日常業務を見渡してみても、文書作成ツール、表計算ツールやプレゼンテーションツールなどはパソコン上で扱うため、何をいまさらという感じがするかもしれません。

　しかし、長らくの間、紙媒体が正本・原本であるとしてきたため、普段の文書作成はパソコン上で行っていたとしても、保存管理という意味では紙媒体となっていましたし、ファイリングもしなくてはならず、職員の業務負荷も大きい非効率な状況でした。

　しかし、前述の行政文書の電子的管理についての基本的な方針にもある通り、今後作成する行政文書については作成、修正、保存、廃棄・移管までを一貫して電子的に管理することになります。

　また、体系的・効率的な管理も進め、行政文書の所在把握、履歴管理や探索を容易にするとともに、文書管理業務の効率性を向上させることになったので、今後は行政文書というデータを適切に管理することが必要となってくるのです。

 「公文書管理の適正の確保のための取組について」
（平成30年7月20日　行政文書の管理の在り方等に関する閣僚会議）
　　　URL https://www8.cao.go.jp/chosei/koubun/tekisei/honbun.pdf

　重点計画では、EBPMの取り組みを推進する旨がさまざまなパートで記載されています。

EBPMは、「エビデンス（根拠）に基づく政策立案」のことですので、国、そして各行政機関の政策を左右するエビデンスたるデータをいかにして適切に扱うか、すなわちデータマネジメントがカギであることは容易に想像がつきます。

　EBPM推進の経緯としては、平成28年秋のGDP統計などの経済統計の見直しを契機として検討が開始されました。翌年2月に内閣官房長官を議長として関係閣僚および有識者からなる「統計改革推進会議」を設置して集中的に議論した結果、同年5月に「最終取りまとめ」が公表され、その中では、①EBPM推進体制の構築、②GDP統計を軸にした経済統計の改善などが示されました。

　つまり、EBPM推進と統計の改善は一体的に行うほうがよいとされていることから、統計データの扱いが密接に関係することになります。

統計改革推進会議
URL https://www.kantei.go.jp/jp/singi/toukeikaikaku/index.html

　また、EBPMの推進体制は、政府の「データ戦略推進ワーキンググループ」（主査：内閣総理大臣補佐官）の下に設置された「EBPM推進委員会」（会長：内閣官房副長官補〔内政担当〕）が中心となっています。つまり、データ戦略推進の一環としてEBPMを推進する立てつけになります。

データ戦略推進ワーキンググループ
URL https://www.digital.go.jp/councils/icPUoaig/

EBPM推進委員会
URL https://www.digital.go.jp/councils/o88lhOm9/

　以上の流れから、自治体DXの推進においてもデータ活用、そしてEBPMの推進について重要視されているのです。

EBPM推進委員会の開催について（抜粋）

　「データ戦略推進ワーキンググループの開催について」（令和3年9月6日決定）第4項の規定に基づき、統計等データを用いた事実・課題の把握、政策効果の予測・測定・評価による政策の改善、その基盤である統計等データの整備・改善を進めることにより、国民により信頼される行政の実現に資するため、関係行政機関相互の緊密な連携の下、政府全体としてエビデンス（根拠）に基づく政策立案（EBPM。エビデンス・ベースト・ポリシー・メイキング）を推進する体制として、データ戦略推進ワーキンググループの下に、EBPM推進委員会（以下「委員会」という。）を開催する。

出典 参考資料1：EBPM推進委員会の開催について
（令和3年10月25日データ戦略ワーキンググループ主査代理決定）
URL https://www.digital.go.jp/assets/contents/node/basic_page/field_ref_resources/
5535bc46-b873-42a7-99d6-bb0b70e2470d/20211104_meeting_EBPM_11.pdf

自治体におけるDX推進の意義（抜粋）

　データが価値創造の源泉であることについて認識を共有し、データの様式の統一化等を図りつつ、多様な主体によるデータの円滑な流通を促進することによって、EBPM等により自らの行政の効率化・高度化を図るとともに、多様な主体との連携により民間のデジタル・ビジネスなど新たな価値等が創出されることが期待されます。

URL https://www.soumu.go.jp/denshijiti/index_00001.html

EBPMの基本的な考え方

- EBPMは、
  ① 政策目的を明確化させ、
  ② その目的達成のため本当に効果が上がる政策手段は何かなど、政策手段と目的の論理的なつながりを明確にし、
  ③ このつながりの裏付けとなるようなデータ等のエビデンス（根拠）を可能な限り求め、「政策の基本的な枠組み」を明確にする取組

- 限られた資源を有効に活用し、国民により信頼される行政を展開する
  ため、EBPMを推進する必要

  出典 内閣官房行政改革推進本部事務局「EBPMの推進について」
  URL https://www.digital.go.jp/assets/contents/node/basic_page/field_ref_resources/
  5535bc46-b873-42a7-99d6-bb0b70e2470d/20211104_meeting_EBPM_15.pdf

　政府情報システムの整備および管理に関して、手続・手順（プロセス）に関する基本的な方針を定めた体系的な政府のルールである「デジタル・ガバメント推進標準ガイドライン」を中心とした各ドキュメントにおいても、データマネジメントがプロセスの中に組み込まれています。

　そのため、前述の「データマネジメント実践ガイドブック（導入編）」「データマネジメント実践ガイドブック（運用編）」だけでなく、政府情報システムの整備および管理の中の要件定義プロセスに関する**「デジタル・ガバメント推進標準ガイドライン実践ガイドブック（第3編第5章　要件定義）」**も確認しておくとよいでしょう。以下、一部抜粋して掲載しておきます。

 デジタル・ガバメント推進標準ガイドライン 実践ガイドブック

　　URL https://cio.go.jp/sites/default/files/uploads/documents/jissen-guide_ikkatsu_
　　20210330.pdf

参考：砂上の楼閣を防ぐデータマネジメント

　社会・環境変化に応じてサービス・業務の質を継続的に維持又は向上していくためには、サービス・業務の進め方の改善を行う工夫が必要となります。その工夫を生み出すためには、サービス・業務に関係する情報・知識・知恵も必要となります。では、情報・知識・知恵はどうやって生まれるのでしょうか？

　サービス・業務の目的に応じて様々な文書や帳票類を作成又は取得するなどし、それらに対しての確認や処理を行い、何らかの結果を生み出してサービス・業務を実施していくことが多いと思います。

　（中略）

　サービス・業務の遂行に必要となるData（データ）、Information（情報）、Knowledge（知識）、Wisdom（知恵）の関係性を示したのがDIKW

モデルです。このモデルは1980年代に検討された思考モデルであり、その後改良され多くの分野で定義されていますが、その代表的なものを下図に示します。

　DIKWモデルから考えると、「情報」の品質はデータの品質に影響を受け、同様にして「知識」の品質は情報の品質の影響を受け、「知恵」の品質は知識の品質に影響を受けることになります。

　つまり、すべての土台となるデータの品質が情報・知識・知恵に影響を与えることになるので、品質の悪いデータから導かれた情報・知識・知恵を利用してサービス・業務を遂行する場合には、十分な価値を提供できないと考えられ、砂上の楼閣になりかねません。

　誤ったデータを利用してデータサイエンスによる高度な分析を行ったとしても、その分析結果が正しいといえるでしょうか？

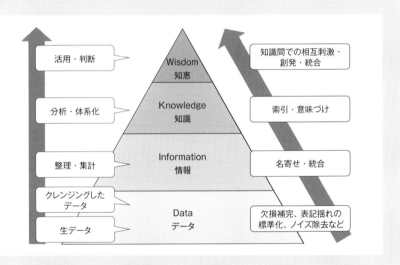

　サービス・業務の目的の達成に必要となるデータの項目、その意味や内容などを表すデータの定義を十分に行わないと、データを使いたいときにすぐに引き出して利用できない、誤って不適切なデータを利用して誤った結果を導き出してしまうなどサービス・業務に支障をきたすかもしれません。つまり、品質の低い（不完全な、不正確な、有効期限切れなど）データは、誤用又は誤解を招くリスクがあります。

出典 「デジタル・ガバメント推進標準ガイドライン実践ガイドブック（第3編第5章　要件定義）」
URL https://cio.go.jp/sites/default/files/uploads/documents/jissen-guide_ikkatsu_20210330.pdf

また、公的統計そのものの品質管理の取り組みとして、**「公的統計の品質保証に関するガイドライン」**が定められており、国の行政機関は本ガイドラインを踏まえた公的統計の品質保証に積極的に取り組むことが必要となっています。

 公的統計の品質保証に関するガイドライン（抜粋）

1　目的

　「公的統計の品質」とは、正確性のみならず、利用者ニーズの適合性、公表の適時性、統計データの解釈可能性などを含む概念である。
　このガイドラインは、行政機関（統計法（平成19年法律第53号。以下「法」という。）第2条第1項に規定する行政機関をいう。以下「各府省」という。）における利用者ニーズに対応した公的統計の作成・提供、その品質の表示・評価・改善を通じ、公的統計の有用性及び信頼性の確保・向上を目指す「品質保証」（Quality Assurance）の活動を推進するための標準的な指針として策定するものである。

`URL` https://www.stat.go.jp/data/guide/pdf/guideline.pdf

　公的統計問題が発生した場合には、行政機関が打ち出した政策・施策の妥当性が根底から揺らぐ可能性もあり、さまざまな影響が発生することから、検証委員会を設置して検証を行い、次のような報告書が作成されることとなります。

 　「建設工事受注動態統計調査の不適切処理に係る検証委員会」の報告書について（国土交通省　令和4年1月14日）
　　　`URL` https://www.mlit.go.jp/report/press/kanbo09_hh_000047.html

　上記の報告書を読み進めていくと、統計業務の人員不足が示されており、少ない人員で効率よく質の高い統計業務を行わなければならない問題が浮かび上がっています。

　この問題は国土交通省に限ったものではないと考えられ、EBPMを推進していく上でも解決しなければならず、データマネジメントを適切に取り入れ、統計業務の効率化と質の向上を図ることが可能となるBPR、情報システムの改善の提案が求められている状況にあります。改善が図られない場合は、砂上の楼閣となり、危うい状態となってしまうでしょう。

4.2 開発を円滑に進めるための注意点

　ここでは、開発を進めていく過程で手戻りリスクを軽減するために注意すべきことを中心に触れます。特に手戻りリスクの要因のうち行政機関特有のものを解説します。

　本来であれば、皆さんの持てる技術力やアイデアを総動員し、完成後の情報システムが活用されて業務や行政サービスの目的が達成されるように、品質の高い情報システムの設計・開発を行うことに集中すべきところです。しかしながら、これまで取り上げてきた国民が納めたお金を用いる、成文法の原則など以外にも行政機関の特異性があり、これらを考慮せずに開発を進めていくと終盤で手戻りが頻発して予期しない工数が増えるなどのリスクがあります。

　納期に間に合わせ、高い品質を保持した情報システムを無事にリリースし、調達の本来の目的を達成できるよう、このようなリスクを軽減しましょう。

4.2.1　書面主義、紙媒体からの脱却

　本来、より品質の高い情報システムを開発するにあたってはアジャイルソフトウェア開発宣言に「包括的なドキュメントよりも動くソフトウェアを」「契約交渉よりも顧客との協調を」とあるように、意思伝達の迅速化、円滑なコミュニケーションによる正確な意思決定を行うなどし、可能な限り無駄な作業を省いて開発効率を上げて本来の目的の達成に集中することが求められます。

　しかし、行政機関の調達においては、いまだに提案書や成果物を紙媒体で求められることが多いのが現状であり、デジタル改革の過渡期であるが故のジレンマが残る状況です。加えて、行政機関の調達仕様書、契約書または契約約款では「指示等及び協議の書面主義」という名称で次のような条項が入っていることがあります。

> **第ｘ条** 発注者及び受注者は、この契約書に定める指示、催告、請求、通知、報告、申出、承諾、質問、回答及び解除（以下「指示等」という。）は、書面により行わなければならない。
> **2** 前項の規定にかかわらず、緊急のやむを得ない事情がある場合には、発注者及び受注者は、前項に規定する指示等を口頭で行うことができる。この場合において、発注者及び受注者は、既に行った指示等を書面に記載し、ｍ日以内にこれを相手方に交付するものとする。ただし、指示等の内容が軽微なもの、簡易な事務連絡または参考情報の提供については、口頭のみにより行うことができる。
> **3** 発注者及び受注者は、この契約書の他の条項の規定に基づき協議を行うときは、当該協議の内容を書面に記録するものとする。

どちらかといえば、建設工事関係の調達で多く見られる記載内容となりますが、情報システム関連の調達においてもこの内容が盛り込まれている場合があるので、その都度、契約締結の際に確認するようにしてください。

その理由は、この「書面」の意味するところが紙媒体での提出、すなわち紙媒体への印刷、場合によってはファイリングや簡易的な製本までを含むことがあり、特に開発規模がそれなりに大きくなってくると、その作業量はバカにならないレベルに達する可能性があるからです。当然、その作業はタダとはいかず、人の工数、そして印刷代なども発生します。

本来、デジタル改革を進める調達でこのようなことは望ましくはありませんが、以前からの調達仕様書や契約書類を使い回していたり、担当職員レベルでの慣習で残っていたりする行政機関も少なくありません。

また、設計・開発以前の契約時点での話になりますが、応札を考えている調達でどの程度ドキュメント関連作業が必要になるのかを予想して工数を見積もっておくことが求められる場合もあり、特に注意が必要です。

行政機関との契約の場合、予算の会計年度独立の原則だけでなく、不適切な分割発注は競争を阻害する要因になり得ることから適切な発注単位であることが求められます。よって、受注した後に予想以上にドキュメント関連の費用が発生してしまったため、後からその費用を上乗せして計上したいといったときに、「予算

外で予定にない費用の請求で、不適切な分割発注」と見られ、問題となる場合があります。そのため、事前にドキュメント関連作業に対する正確な見積もりを作成しておくことが重要となってくるのです。

　なお、経済合理性・公正性等に反しないかどうかを十分検討し、分割発注について明確な理由を示してからあらかじめ予算要求して認められる場合、たとえば中小企業庁の「官公需契約の手引」に基づいて中小企業・小規模事業者が受注しやすい発注とする工夫としてあらかじめ計画的に取り組んでいるのであれば、適切な分割発注となります。

📖 中小企業庁「官公需契約の手引」（抜粋）

4　中小企業・小規模事業者が受注し易い発注とする工夫

（2）分離・分割発注の推進

① 国等は、物件等の発注に当たっては、価格面、数量面、工程面等から　みて分離・分割して発注することが経済合理性・公正性等に反しない　かどうかを十分検討した上で、可能な限り分離・分割して発注を行う　よう努めるものとする。

出典 https://www.chusho.meti.go.jp/keiei/torihiki/kankouju/tebiki/19013030fytebiki.pdf

---

4.2.2　「電子インボイス」導入の進捗

　4.1.4で「電子媒体の正本・原本化」と解説したように、紙媒体での管理からの脱却（ペーパーレス化）が国では進められています。

　また、国と地方公共団体での「書面規制、押印、対面規制の見直し・電子署名の活用促進」についても進められています。新型コロナウイルス感染症の影響による対面業務が困難となる中では、テレワークの推進において障害となる規制・制度などを改善すべく政府の規制改革推進会議が中心となり、「行政手続における書面主義、押印原則、対面主義の見直し」が進められています。特に国務大臣および各経済団体が共同宣言を出し、この見直しを官民一丸となって推進することを宣言しているのが特徴です。

参照 「『書面、押印、対面』を原則とした制度・慣行・意識の抜本的見直しに向けた共同宣言 〜デジタル技術の積極活用による行政手続・ビジネス様式の再構築〜」

URL https://www8.cao.go.jp/kisei-kaikaku/kisei/publication/document/200708document01.pdf

参照 「『行政手続における書面主義、押印原則、対面主義の見直しについて (再検討依頼)』の結果概要」
(令和2年6月5日　内閣府規制改革推進室)

URL https://www8.cao.go.jp/kisei-kaikaku/kisei/meeting/wg/digital/20200605/200605digital02.pdf

参照 「地方公共団体における書面規制、押印、対面規制の見直しについて」(令和2年7月7日 総務省)

URL https://www.soumu.go.jp/main_content/000749491.pdf

また、書面主義からの脱却という意味でわかりやすいところでは令和5年10月1日から始まる「適格請求書保存方式(インボイス制度)」導入に伴う**「電子インボイス」**が大きな変化となります。

電子インボイス導入による事業者のバックオフィス業務におけるエンドツーエンドでのデジタル対応が国内全体での紙媒体からの脱却の象徴的なものと考えられます。

このようにリモートワークなど自由な働き方や効率化・生産性向上を阻害している要因を取り除く規制改革とデジタル改革が相まって新しいビジネス領域が広がっているとも考えられます。

また、「紙」と「デジタル」が交錯している過渡期であるからこそ、紙での処理が残り続けていてデジタル化が進んでいないことの阻害要因について真摯に向き合うことになるため、改革(改善)のし甲斐があるともいえます。

行政機関とともに仕事を進めていくにあたっては、道具としてのデジタルによる改革(改善)だけではなく、制度面を含めた改革(改善)に踏み込むことができると、より本質的な行政DXにつながることでしょう。

なお、行政機関が制度面まで踏み込んで改革を進めるにはかなりの時間と労力がかかることから、いつ完全ペーパーレス化となっても対応できるように普段から準備をしておくことが大切です。その上で、もし可能ならば、準備と並行して

書面主義と紙媒体からの脱却で浮いた工数を成果物の品質を高める活動にあて、よりよい情報システム開発が行えるよう、発注元の調達担当職員とのコミュニケーションを円滑かつ適切に行い、デジタルで行うための環境を提案してみるのもよいでしょう。その際には前述した共同宣言のうち、次に挙げる内容を根拠として調達担当職員と対話をするとより評価を受けられるかと思います。

「書面、押印、対面」を原則とした制度・慣行・意識の抜本的見直しに向けた共同宣言（抜粋）

（2）制度的対応

　書面主義、押印原則、対面主義を求める全ての行政手続の原則デジタル化に向けて、恒久的な制度的対応として、各府省に対し、年内に見直しの検討を行い法令・告示・通達等の改正を行うよう求める。各府省の対応状況は、行政手続等の棚卸調査を実施するIT総合戦略本部と連携して、今年度末までに明らかになるようにする。また、各府省の状況について、フォローアップを行い、対応が不十分と思われる府省については、更なる対応を行うよう求める。

（3）会計手続

　会計手続について、各府省に対し、押印廃止等の優良事例を示し、書面主義、押印原則、対面主義の抜本的な見直しを求める。また、見直し結果について、年内を目途に状況のフォローアップを行い、対応が不十分と思われる府省については、さらなる対応を行うよう求める。

`URL` https://www8.cao.go.jp/kisei-kaikaku/kisei/publication/document/200708document01.pdf

　こういった活動を通し、次回以降の「将来の調達」においてより効率よく開発が行えるような環境を醸成していくことができれば、国民が納めたお金を効果的に利用することにもつながるだけでなく、担当職員の負荷軽減、高品質な情報システムの整備にもつながるものと考えられます。

4.2.3 ステイクホルダーと定期異動

3.4.3で会計検査院による検査報告の例として「子ども・子育て支援全国総合システム」に対する内容とその後の同システム廃止に至る経緯に触れました。特に起点となった平成28年度の検査報告では、次のような指摘がなされています。

- 業務の実態を踏まえたものとなっていない
- 通常の業務で使用されている情報ではない
- 業務の具体的な実施方法は決定されていなかった

上記をまとめると、業務の要件定義が不十分であったことになります。

行政機関の調達担当職員が仕様書等を作成する段階で完璧な要件定義ができる、すなわち後工程の機能に係る設計・開発で一切の手戻りなく進められることはほぼありません。加えてアジャイル開発や反復型開発のような開発手法も台頭してきている事実からすれば、開発を行う情報システムに関係するステイクホルダーとの適切なコミュニケーションを密にしながら、徐々に抜け漏れをなくして不十分さを解消していくことにより、品質を段階的に向上していくことが現実的な解となります。

しかし、「子ども・子育て支援全国総合システム」に対する会計検査院の検査結果の通り、同システムは初回の検査報告から数えて3回目で廃止となっています。

同システムの廃止に至るまでの期間、改善を試みる時間は相当あったものの根本的な改善には至らなかったことから、そもそものアーキテクチャ、開発手法にも課題があったのではないかと思われます。その上で当事者間での円滑なコミュニケーションが取れていたのかも疑問に残る点です。

📖 **【会計検査院】平成28年度決算検査報告（抜粋）**

（発生原因）

　このような事態が生じているのは、貴府において、次のことなどによると認められる。

ア　総合システムの構築及び運用に当たり、総合システムに収集する情報をどのように分析し、活用し、公表するかについて適時適切に検討していないとともに、検討結果を踏まえた必要な登録情報等についての具体的な検討を行っていないこと

イ　総合システムの構築に当たり、市町村が通常の業務で使用しまたは保有する情報の内容等の実態、交付申請等の手続の実施状況等を十分に把握していないこと。また、総合システムの運用開始後の情報の登録状況等の把握、登録が進まない要因分析等を十分に行っていないこと

URL https://report.jbaudit.go.jp/org/h28/2016-h28-0059-0.htm

　開発を行う情報システムに適したアーキテクチャ、開発手法の選定においても業務の特徴や情報システム利用者の業務実態などを考慮し、利便性の高い情報システムを継続的に提供できるような設計をするためには、**ステイクホルダーとの適切なコミュニケーションが十分にできたかどうか**がカギとなります。

　ステイクホルダーといってもさまざまな人がいるので、誰でもよいわけではなく、開発する情報システムが完成後、より現場で活用されることによってユーザー（国民、行政職員）に対して何らかの価値を提供できるよう協力してくれる人が必要です。

　また、あまりにも自分本位で他者への気遣いがなく、ごく一部の人だけしか便益を得られないような発言をする人は、公正性・公平性の確保の観点から除外する必要もあります。

　皆さんが直接コミュニケーションを図る機会が多い情報システム担当職員または調達担当職員だけでなく、次のような多様なステイクホルダーをレビュアーとするとよいでしょう。

国民 （※国民が直接利用する 情報システムの場合）	情報システムを利用して申請等の手続を行うので、使い勝手やわかりやすさなどの観点（リリース前のユーザーテストのタイミングなどで）
業務担当職員	情報システムを利用して業務を行うので、情報システムが実際の業務に耐え得るものかの観点
法令担当職員	行政職員の業務は法令等の根拠あるものに限られるので、開発を行う情報システムが法令上正しい動きをするかの観点

　ここで注意したいのは、開発する情報システムが支える業務の内容次第でステイクホルダーは異なることです。**開発を進める前に仕様書等では存在が認識できなかった影響力・発言力のあるステイクホルダーの洗い出しを行うことが、転ばぬ先の杖、リリース直前でのちゃぶ台返しを受けずに済む大切な作業となります。**

　また、行政機関には2年間または3年間程度で異動してしまう**「定期異動」**の慣習もあり、開発途中でステイクホルダーの異動、特にキーパーソンと目されていた人に異動があると開発遅延につながる可能性もあり、より注意が必要です。

☑ POINT

- **ステイクホルダーの洗い出しを徹底しよう**
- **行政職員の異動を前提として行動しよう**

　キーパーソンが現在のポジションに就いてからの期間がどれほどであるかを把握し、定期異動の可能性が高い場合（在任2年目または3年目の場合）は、早めに異動に関する情報収集を行って担当職員ごとの個人差によるリスクを軽減するための活動を行うことが大切です。

　特に地方公共団体は、多様な住民サービスを行っていることもあり、おびただしい数の部署が存在します。そのため、場合によっては「都市整備」から「教育」などといった専門性がだいぶ異なる部署へ異動する可能性もあるので、キーパーソンが異動するまでの間、それまで時間をかけて構築した関係性がリセットされる可能性があるだけでなく、専門性の違いからのコミュニケーションギャップの対策に工数がかかってしまう可能性もあります。結果として開発遅延につながる懸念も拭えなくなります。

なぜ行政職員は定期異動するのか？

　あくまでも慣習的なものであり、明確なルールがあるわけではないですが、次のような理由があるとされています。

・不正の防止

　たとえば事業者との接点が多い部署で長期間同じ職にあると、特定の事業者との癒着の疑念を持たれる可能性があるなど。

・職員の職務適正性の模索、職場活性化

　多様な部署でさまざまな業務を職員に経験させて成長を促しつつ、職場のマンネリ感をなくすなど。

　なお、高度な専門性が必要であり、相当な経験を積まないとその専門性を会得できない場合には、定期異動はするが、局内、課内といった範囲にとどめ、極端な専門性の違いが出ないように考慮する場合もあります。

　定期異動の時期は行政機関によって異なりますが、共通しているのは年度が替わるタイミング（おおむね3月末から4月上旬）となります。

　国の行政機関での幹部職員の異動は1月からの通常国会終了後の夏頃になる傾向にありますが、省庁によって違いがあることに注意してください。

　設計・開発の工程の中でも仕様・要件の確定、テストの各工程では完成した情報システムの利用頻度が高いと想定される業務担当職員を早めに巻き込めるよう、情報システム担当職員または調達担当職員を介して協力を仰ぐことが大切です。

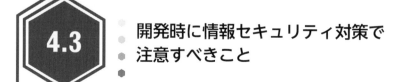

4.3 開発時に情報セキュリティ対策で注意すべきこと

2.4.1では、なぜ情報セキュリティ対策が必要なのかといった理由、背景・根拠をつかんでもらいました。

本節では、それらを踏まえた上で、実際の開発で注意しておくべき内容について触れていきます。

4.3.1 普段からの情報セキュリティ管理

情報セキュリティ管理については、行政機関の調達仕様書の中で必須事項が記載されていることがほとんどであり、その内容に従って管理していくこととなります。

行政機関の調達内容によって違いはありますが、調達仕様書に記載された情報セキュリティ管理が確実に計画的に履行できるか、受託者側の履行体制を厳しく確認することがあります。

応札者の提案書はあくまでも文書上の話であり、突き詰めると情報セキュリティ管理を仕様書に沿ってしっかりやりますという宣言の域を出ないかもしれません。そのため、より重要な機密性の高い情報を扱う業務での情報システムの開発関係の調達では、提案時、たとえば「情報セキュリティ管理計画書（案）」（※行政機関、調達案件によって名称が異なります）といったドキュメントを応札者に求める場合があります。

そのドキュメントの記載内容で求められる項目には例として次のようなものがあります。

情報セキュリティ管理計画書（案）の記載項目例

機密保持、資料の取扱い

　調達全般に関する情報、特に設計・開発などに関係する情報を具体的に
どのようにして管理（取得、作成、修正、廃棄）し、物理的・技術的・人
的な情報セキュリティ対策はどのように行うのか、受託者の作業場所や
データ保管場所における情報セキュリティ対策はどのように行うのか（発
注者による情報セキュリティ監査、立入調査の受け入れ対応も含めて）な
どを記します。

体制（情報管理体制、インシデント発生時の連絡体制）

　体制図だけでなく、受託者側の情報セキュリティ責任者、情報取扱者名
簿などを具体的に示し、インシデント発生時の連絡体制や連絡フロー図な
ど（発注者側にCSIRT（Computer Security Incident Response
Team）がある場合は、連携方法についても）を記します。

　上記の例では、提案時の内容であることもあり、「（案）」がタイトルについてい
ます。発注者と受託者の間で契約締結後、情報セキュリティ管理計画書（案）の
内容を確認・協議し、最終的に互いに合意した内容を記載したものが正式版（こ
このタイミングで「（案）」がタイトルから削除される）となり、受託者が発注者
にこれを提出する必要があります。

　正式版を提出するタイミングについては、おおむね、「契約締結後、速やかに提
出」といった表現で仕様書中に記載されている場合が多いですが、行政機関に
よっては具体的に「契約締結後、○日以内に提出」などとしている場合もあります。

☑ POINT

● 可能な限り提案段階から責任者などはバイネームで記載しよう

　提案段階では、受託者側での情報セキュリティ責任者や情報取扱責任者など
については、可能な限りバイネームで記載するだけでなく、過去の実績・経験や
保有する資格などを明示すると、履行可能性が高いと捉えることができます。総
合評価落札方式での調達で情報セキュリティ管理に対して加点項目が設定され
ている場合には、発注者からの高評価を得やすくなることがあります。

設計・開発を進める途中で、受託者の作業場所やデータ保管場所における情報セキュリティ対策はどのように行っているのか、情報セキュリティ管理計画書に記載された内容通りに履行されているのかなどについて、発注者による情報セキュリティ監査、立入調査が実施される場合があります。このときだけ、つまりは情報セキュリティ監査または立入調査が実施されるときだけ取り繕うのは、あってはならないことです。

　そもそも、このような監査や調査を実施する調達案件は、機密性の高い情報、人々の生活や安全に影響する情報などを扱うことが多い傾向にあるので、より細心の注意が必要になってきます。

　昨今の行政機関などへのサイバー攻撃の状況は報道に取り上げられている通りであり、それだけでなく、ふとした不注意からの人的ミスによる情報漏えい事故が一向に減らないことなども踏まえると、**普段からの情報セキュリティ管理の徹底は必要不可欠となります。**

　自社内で普段から当たり前に情報セキュリティ管理を徹底してさえいれば、発注者による監査や調査のときだけ取り繕うために開発作業を中断して慣れないことを演じる必要もありません。

　仮にその場限りの取り繕いでしのいだとしたら、その後、自社（受託者）から調達内容に関する情報漏えいが発生した場合には、自社の置かれる立場は相当厳しくなるものと考えられます。

　情報セキュリティ・インシデントが発生した際に、監査または調査をその場限りの取り繕いでしのいだだけで情報セキュリティ管理について適切に履行できていなかったという事態（虚偽、不誠実な行為）が明らかになり、さらに情報漏えいという重大な事故が起きた場合には、「**指名停止処分**（指名停止措置）」を受ける可能性もあります。指名停止処分は、一定期間、処分対象となる企業の入札参加を認めない行政処分（競争入札参加資格を停止する懲罰的措置）のことを指します。期間は、処分内容の程度に応じて発注者によって決定されます。

　指名停止処分の情報は、それを決定した発注者のHPなどで公開されるだけでなく、当該発注者以外の行政機関がこの情報を参考にして自組織での調達でも同様に指名停止の措置を行うことがあります。

　指名停止処分を受けた場合には、自社の将来のビジネスに甚大な影響を及ぼすことにもなりかねないのです。

厚生労働省「指名停止情報」

URL https://www.mhlw.go.jp/sinsei/chotatu/kyousousanka/simeiteisi.html

　なお、3.4.1で取り上げた「入札談合」も指名停止処分の対象となります。その他、談合だけではなく、競争妨害、重大な労働災害、接待・金品授与といったものも処分の対象となります。

　このような処分対象となる行為は、法律違反またはコンプライアンス違反に該当します。民間企業においてもコンプライアンスを重要視する経営が当たり前になってきていますが、行政機関においても当然コンプライアンスを重要視しています。

4.3.2　脆弱性検査の徹底

　行政機関の仕様書などによって記載内容が異なりますが、ここ最近の行政機関の情報システムはWebブラウザを介して利用するウェブアプリケーションが一般的になったこともあり、SQLインジェクション、OSコマンド・インジェクションやクロスサイト・スクリプティングなどの代表的な脆弱性に対して**「テスト（脆弱性検査）」**を行うよう具体的に示されている場合があります。

　テスト以前の設計・開発の工程でそれら脆弱性の対策を施しておけば、開発の終盤で納期まで時間がない中でのテストも効率化できるものと考えられます。

　このとき、IPAが提供している「安全なウェブサイトの作り方」（※2022年9月時点では第7版）を参考に設計・開発を行うとより効率的になるでしょう。

IPA「安全なウェブサイトの作り方」

URL https://www.ipa.go.jp/security/vuln/websecurity.html

　「安全なウェブサイトの作り方」において、第3章では、「失敗例」として、第1章で取り上げた脆弱性の中から8種類を取り上げ、ウェブアプリケーションに脆弱性を作り込んでしまった際のソースコード、その解説、修正例を示しているので、とても参考になります。巻末には、ウェブアプリケーションのセキュリティ実装の実施状況を確認するためのチェックリストが掲載されており、開発作

業の効率化にもつながります。

　また、4.2.3において、テスト工程では適切なステイクホルダーを早めに巻き込めるよう調整することが大切であると触れました。各ステイホルダーが実態上、重要視する点について事前に調査やヒアリングなどを行い、テスト内容をより意義あるものにする活動が大きな意味を持つようになりますが、その際、情報セキュリティの観点を盛り込み、各ステイクホルダーが想定しない利用手順、データ入力パターン、単位時間あたりの処理量の急激な増加などといった刺激を情報システムに与え、**プログラムやデータベースの脆弱性を見つけ出すことができるか**がカギとなります。

　また、先ほどの「安全なウェブサイトの作り方」で取り上げられているような代表的な脆弱性ではなく、開発者が認知していない脆弱性（未知の脆弱性）をいかにして検出するかも重要です。

　この未知の脆弱性を検出する技術的手法の1つが「ファジング」になります。Google社のClusterFuzz、マイクロソフト社のProject OneFuzzなどがファジングツールとして有名です。

Google "ClusterFuzz"

参照　URL https://google.github.io/clusterfuzz/

Microsoft "Project OneFuzz"

参照　URL https://www.microsoft.com/en-us/research/project/project-onefuzz/

　ファジングについては、行政機関の仕様書等ではまだあまり見かけませんが、脆弱性を可能な限り排除してより品質の高い情報システムを提供するためには必要なことです。

　先ほどの安全なウェブサイトの作り方と同様にIPAが脆弱性対策の有効な手段として「ファジング活用の手引き」をはじめとしたコンテンツを提供しています。

IPA「脆弱性対策：ファジング」

参照　URL https://www.ipa.go.jp/security/vuln/fuzzing.html

ファジング活用の手引きの本編では、ファジングの実践についても掲載されており、非常に具体的な内容となっています。また、別冊「ファジング実践資料」もあわせて参考にするとより実践的であり、脆弱性対策がより万全となるでしょう。

4.3.3 「専門家」としての責任

なぜ本書でここまで脆弱性対策について触れたのか、また、IPAが公開している資料を勧めるのかには理由があります。

それは、民間事業者どうしでの裁判の結果である、東京地裁平成26年1月23日判決（東京地判平成23年（ワ）第32060号）に由来します。

詳細に興味のある方は判決文をお読みいただくか、判決が出た当時の各種報道を見ていただきたいのですが、SQLインジェクション対策漏れの責任がソフトウェア開発会社にあるとされた内容の中に、**仕様書に明記されていない経済産業省およびIPAからの注意喚起が「専門家として当然果たすべき責務」の基準である**と東京地裁が判断した点が特徴的です。

つまり、ソフトウェア開発会社という高い専門性を持つ企業であれば、情報処理を所管する経済産業省、そして経済産業省関連の独立行政法人であり、具体的な情報処理推進を担うIPAが公表している注意喚起は知っていて当然であり、仕様書になくとも対応すべきという判決が出たわけです。

あくまでも地方裁判所での一判決という位置づけになることに留意する必要はありますが、十分に注意する必要がある事例といえます。

参考：東京地裁平成26年1月23日判決
**　　　（東京地判平成23年（ワ）第32060号）の概要**

企業の依頼で開発、納品されたEコマースサイト構築のシステムに、SQLインジェクションの脆弱性が存在し、クレジットカード情報が流出。

その結果、不正アクセスによる情報漏えい事故として、開発を依頼した側の企業は開発会社がセキュリティ対策を怠っていたことを債務不履行として損害賠償を請求。

東京地方裁判所はそれを認め、開発会社に約2,262万円の損害賠償支払いが命じられた。

Chapter **5** • • •

運用と保守

本章では、常時（平時）の情報システムの運用と保守における、行政機関特有の調達方法による注意点について触れるとともに、押さえておくべき内容の解説を行います。

行政機関で整備する情報システムは、行政機関での業務や国民向け行政サービスで利用され、業務遂行のために不可欠な道具であることから、情報システムの安定的かつ効率的な運用および保守は特に重要です。

常時（平時）と非常時の違いはありますが、第4章で触れた業務継続性とも地続きとなる内容となります。

5.1 運用と保守を分けて調達

民間企業向けの情報システムであれば、開発、運用、保守といった一連の工程を一括して同一事業者と契約する機会が多いと思います。

しかし、行政機関における情報システムの調達においては、開発、運用、保守などの各工程を分け、調達を複数にする場合があります。このような調達方法を**分離調達**といい、サブシステムが多数あるような大規模な情報システムの場合、調達における競争性を向上させたい理由などで採用される傾向があります。

特に運用と保守が分離調達となる場合には、あらかじめそのメリット・デメリットを理解して対策を講じられるかが、受注後のリスクの発生を左右する大きな要因となるのです。

5.1.1 分離調達のメリット・デメリット

分離調達については、デジタル庁の**「デジタル・ガバメント推進標準ガイドライン実践ガイドブック（第3編第6章　調達)」**では次のようなメリット・デメリットが示されています。

メリット
- 特定事業者に偏るというベンダーロックイン状態の解消
- 競争性・透明性の向上による価格の適正化と提案内容の質の向上
- 競争による市場の活性化

デメリット
- 調達を分割して参画する事業者が増えることによる諸手続きの煩雑化
- 事業者の管理や事業者間の調整、リスク管理や問題発生時の対処、発注者側の管理労力の増加および調達作業負荷の増加

この実践ガイドブックでは、「クラウドサービスを利用する際の調達計画の考え方」なども示されています。また、クラウドサービスを利用するメリットを十分に得るための適切な調達単位なども具体的に示されており、非常に有益な内容となっています。

　行政機関の調達担当者が分離調達のデメリットを理解して、その対策を考慮した仕様書等を作成しているかが、仮に同一の情報システムにおける開発、運用、保守について分離調達がなされ、皆さんがどれか1つだけ受注し、他は他社が受注した後のリスクを検討する上で重要となります。

　さて、メリットだけを見ると、既存の調達における参入障壁が下がり、競争に参加する機会が増える可能性が高まり、よいことばかりに思えます。

　しかし、物事には表と裏があるように、デメリットがあることを忘れてはいけません。

　前ページで示したデメリットは客観的な視点で見たものになりますが、受注者視点での分割発注のデメリットはどのようなものになるか考えてみる必要があります。

　たとえば、開発、運用、保守の3つに分けての調達が行われ、それぞれ異なる事業者（開発はA社、運用はB社、保守はC社）が落札した場合を考えてみましょう。

　A社は、開発が終わってしまえば、完成した情報システムの運用をB社へ引き継ぎ、C社へ保守を引き継ぐことになるので、それぞれの引き継ぎ、移行が終わるまでが仕事となります。

　他方、B社とC社は契約期間終了までの間、同じ時間軸の中でそれぞれの契約における責任を果たし続けていくことになります。

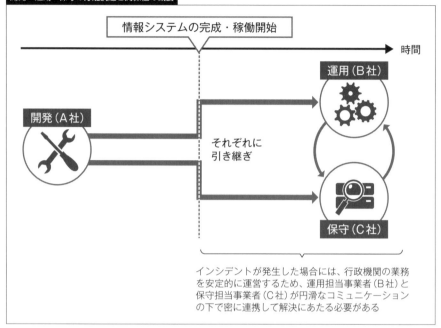

開発・運用・保守の分離調達と関係性の概要

情報システムの完成・稼働開始

時間

運用（B社）

開発（A社）

それぞれに
引き継ぎ

保守（C社）

インシデントが発生した場合には、行政機関の業務
を安定的に運営するため、運用担当事業者（B社）と
保守担当事業者（C社）が円滑なコミュニケーション
の下で密に連携して解決にあたる必要がある

　情報システムを稼働させた後には、大なり小なりさまざまなインシデントが発生しますが、その際にB社とC社のコミュニケーションが円滑でない場合には、障害や情報セキュリティに関するインシデントの解決までに時間がかかり、利用者に悪影響を及ぼす可能性も考えられます。

　これらの悪影響をもたらす原因は、インシデントに関する情報共有から解決にあたっての協力体制やコミュニケーション、ルールなどが確立されていないためです。さらに、両者でのコンセンサスがないことに加え、どちらの責任主体で解決すべきか（言い換えると、どちらがより多くの工数をかけて損をしてしまうか）といったつばぜり合いが起こることも考えられます。

　B社とC社のコミュニケーションが円滑でない状態を放置しておくと、いつまで経ってもインシデント解決に集中できず、そればかりか、悪影響がより拡大してしまい、負のスパイラルに陥ってしまうという最悪のケースも想定されます。

5.1.2 最悪のケースに陥らないようにするには？

　前述のような最悪のケースに陥らないようにするには、**調達の公示がかかる前の段階（企画時、予算要求時、仕様書等作成時など）から分離調達を行政機関の担当者が検討しているかどうかを確認すること**が大切になります。

　調達の公示後であったとしても、分離調達となっていることが確認された場合には、次で示す内容を確認しながら、自社が落札した場合のリスクを検討してから応札、提案に臨むのがよいでしょう。

　同一の情報システムについて、3つ（開発、運用、保守）に調達を分ける場合に想定されるリスクを考えてみます。

　調達が実施され、契約後には履行義務が生じます。ついては、履行義務が発生する前、すなわち契約前までにリスクを明らかにして分析を行ってから対応を判断しなければなりません。ここでは、入札後に落札業者を決定してから契約に至るまでの間でリスクを検討していたのでは遅すぎるので、予算要求、仕様書等作成のより早い段階で検討することが必要となります。

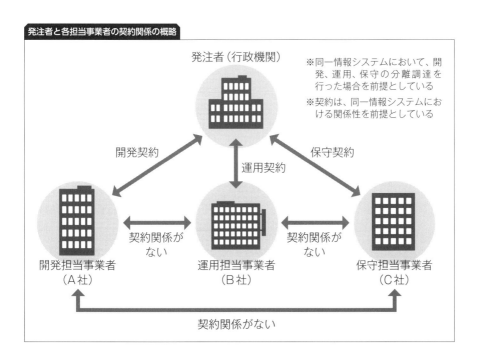

発注者と各担当事業者の契約関係の概略

発注者（行政機関）

※同一情報システムにおいて、開発、運用、保守の分離調達を行った場合を前提としている
※契約は、同一情報システムにおける関係性を前提としている

開発契約　　　　　保守契約

運用契約

開発担当事業者（A社）　　運用担当事業者（B社）　　保守担当事業者（C社）

契約関係がない　　　　契約関係がない

契約関係がない

前ページの図の通り、A社、B社、C社は発注者たる行政機関との契約をそれぞれ結ぶこととなりますが、各社間（A社とB社、B社とC社、C社とA社）には契約がないことがわかります。たとえば、情報システム稼働後、何らかのインシデントが発生した場合、B社とC社が協力して解決にあたる必要がありますが、これではそれぞれが担うべき責任がわかりません。したがって、**どちらがどういう責任の下で何をするかを運用と保守それぞれの仕様書等で明確にしておくこと**が大切となるのです。

　また、行政機関においても令和2年4月施行の改正民法に準じて契約不適合責任（令和2年3月までは瑕疵担保責任と表現されていた）が適用されることから、インシデントの原因・内容によっては、収めた情報システムについての修正などが行政機関から求められる場合があります。そうなると、B社とC社の協力だけでなく、開発担当のA社を含めてインシデント対応を考えなくてはなりません。

　開発、運用、保守それぞれの仕様書等においては、それらの内容の整合性を図りつつ各落札事業者の責任の範囲を明確にし、各落札事業者すべてと契約関係にある発注者である行政機関がハブとなり、円滑なコミュニケーションを図るための体制やルールなどが記されているかが肝となります。

　仮にそれらが記述されていなかった場合には、最悪、責任のなすりつけ合いが始まり、会社間の力関係が一番弱い会社にしわ寄せがいくことも想定されます。これでは、業務の安定的な運営には程遠い状況になっていまうでしょう。

5.1.3　「共通言語」を使ってコミュニケーションする必要性

　これまで述べてきたリスクを回避するために円滑なコミュニケーションを現場レベルで行うためには、「**共通言語の利用**」が必要となります。ここでは、運用と保守で用いる用語、特に各種管理（インシデント管理、リスク管理、問題管理など）でよく用いる**用語の定義が統一されているか**が重要になります。

　たとえば、ソフトウェアの「アップデート」という言葉について、運用担当事業者（B社）では保守担当事業者（C社）がすべて行うものと認識していましたが、C社ではアップデート手順などが確立された軽微なマイナーアップデート（同じメジャーバージョンの中での不具合修正、パッチなど）についてはB社が行い、大幅な機能改善などが含まれるメジャーバージョンアップ、またはJIS

（Japanese Industrial Standards）でいうところの既知の誤りではなく問題管理にまで深刻化した内容の修正についてはC社が行うものと認識していました。このような齟齬から、B社は日々の運用の中でマイナーアップデートを行わず、そのマイナーアップデートの中にあった脆弱性対策のパッチが適用されないままとなり、情報システムが危険な状態となっていたことが、第三者の脆弱性診断で明らかになり、問題となったケースがあります。

ソフトウェアの「アップデート」という用語でも、事業者によってそれがどのようなものを対象としているか、作業範囲が異なることもあります。

同じ用語を使っていても、事業者ごとに用語の定義が異なる、またはズレがある場合、インシデント発生時に協力して解決にあたる際に意思疎通の齟齬が発生して手戻りが起こるなどし、解決までに時間がかかるおそれがあります。

そのようなことにならないよう、運用と保守においては、**ITIL（Information Technology Infrastructure Library）やJIS20000（ISO/IEC 20000）のようなITサービスマネジメント標準で用いられる用語の定義が仕様書等で示されていれば、インシデントが発生したときに用語の定義の違いによる混乱を排除できます。**

また、ITサービスマネジメントに限らず、情報セキュリティなどでもそれぞれの標準における用語の定義を用いるとよりよいでしょう。

☑ POINT

- **分離調達となる場合は、分離する各調達仕様書等において次のことを確認しよう**

➡ **各落札事業者の責任範囲・分界点が明確であり、内容の整合性がとれているか**

➡ **発注者（行政機関）がハブとなって各受注者との間で円滑なコミュニケーションを図ることが可能となる体制やルールなどが記述されているか**

➡ **各管理（インシデント管理、問題管理など）における用語の定義が統一されているか**

なお、産業標準化法第69条では「日本産業規格の尊重」があることから、行政機関の情報システムの調達における技術的な用語の定義においても日本産業規格であるJISをベースに検討するほうがよいと考えられています。

📖 産業標準化法（抜粋）

（日本産業規格の尊重）

第69条　国及び地方公共団体は、鉱工業に関する技術上の基準を定めるとき、その買い入れる鉱工業品に関する仕様を定めるときその他その事務を処理するに当たつて第2条第1項各号に掲げる事項に関し一定の基準を定めるときは、日本産業規格を尊重してこれをしなければならない。

　ここで、代表的な用語の定義を次ページの表で示しますが、本書の趣旨から、ITIL、JIS20000（ISO/IEC 20000）のようなITサービスマネジメント標準そのものについては触れませんので、興味のある方は各専門書などを参照してください。

用　語	定　義
情報セキュリティ	JIS Q 27000：2019（ISO/IEC 27000）の定義に従い、本調達でも「情報の機密性、完全性および可用性を維持すること」とする
情報セキュリティインシデント	JIS Q 27000：2019（ISO/IEC 27000）の定義に従い、本調達でも「望まない単独もしくは一連の情報セキュリティ事象、または予期しない単独もしくは一連の情報セキュリティ事象であって、事業運営を危うくする確率および情報セキュリティを脅かす確率が高いもの」とする
情報セキュリティインシデント管理	JIS Q 27000：2019（ISO/IEC 27000）の定義に従い、本調達でも「情報セキュリティインシデントを検出し、報告し、評価し、応対し、対処し、更にそこから学習するための一連のプロセス」とする
インシデント	JIS Q 22300：2013（ISO 22300：2012）では、「中断・阻害、損失、緊急事態又は危機になり得る又はそれらを引き起こし得る状況」と定義されている。また、JIS Q 20000-1：2020（ISO/IEC 20000-1：2018）では、「サービスに対する計画外の中断、サービスの品質の低下、又は顧客若しくは利用者へのサービスにまだ影響していない事象」と定義されている。本調達では、それらの定義を包含したものをインシデントと定義する。また、インシデント管理は、通常のサービス運用にできるだけ早く回復させ、業務への悪影響を最小化することを目的とする
インシデント対応	JIS Q 22300：2013（ISO 22300：2012）の定義に従い、本調達でも「差し迫ったハザードの原因を食い止めるため、及び不安定又は中断・阻害を引き起こす可能性のある事象の結果を軽減し、正常な状況に復旧するために講じる措置」とする
問題	JIS Q 20000-1：2020（ISO/IEC 20000-1：2018）の定義に従い、本調達でも「1つ以上の実際に起きた又は潜在的なインシデントの原因」とする
問題管理	JIS Q 20000-1：2020（ISO/IEC 20000-1：2018）の定義に従い、本調達でも「組織は、問題を特定するために、インシデントのデータ及び傾向を分析しなければならない。組織は根本原因の分析に着手し、インシデントの発生又は再発を防止するための、考え得る処置を決定しなければならない」とし、インシデントの根本原因の除去とワークアラウンドの提供によって、インシデント発生による業務への悪影響を最小化することを目的とする
既知の誤り	JIS Q 20000-1：2020（ISO/IEC 20000-1：2018）の定義に従い、本調達でも「根本原因が特定されているか、又はサービスへの影響を低減若しくは除去する方法がある問題」とする

たとえば、同一の情報システムにおいて運用と保守を分けて調達して異なる事業者がそれぞれ担当することになった場合を再び考えてみましょう。

このとき、各調達の仕様書等において、次のような前提があるとします。

【前提】
- 用語の定義を統一
- 分離調達で契約する各担当事業者、発注者とのコミュニケーション方法、協力の在り方などが示されている
- 情報システムが稼働後、インシデント発生の検知から内容の切り分け作業などを含めたインシデント管理を主体的に行うのは運用担当事業者とする
- 既知の誤りでないインシデントが発生し、対処策・ワークアラウンドがない未知のものであった場合の問題管理を主体的に行うのは保守担当事業者であるとする

加えて、インシデント発生後の初動対応で運用担当事業者が内容の切り分けをしている中で未知の内容であるとわかり、運用担当事業者の手には負えないと判明した場合には次の通りとします。

【対応】
- 運用担当事業者から保守担当事業者へのエスカレーションを行って問題管理へと移行する
- 問題管理へ移行する場合には、インシデント発生による行政機関の業務への悪影響を最小化するため、運用担当事業者と保守担当事業者は互いに協力し、根本原因を究明して解決策を講じる

上記のような内容があらかじめ各調達の仕様書等で具体的に示されていれば、未知の問題が原因であるインシデントが発生した場合であったとしても、運用担当事業者と保守担当事業者の間での責任のなすりつけ合いは発生しにくいでしょう。また、初動対応から問題管理へ移行するのも比較的スムーズに進むものと考えられます。

逆に前述のような内容が各調達の仕様書等に示されていなかった場合には、問題解決までに時間がかかり、行政機関の業務への支障が出てしまうでしょう。

　皆さんが行政機関の予算要求段階、仕様書等の作成段階からアプローチできているのであれば、前述のポイントを押さえた仕様書等となるように働きかけを行うことが肝要です。

　また、既に仕様書等が完成した後であっても、自社が調達に参加するかどうかの判断をする際、同様に前述のポイントについて確認を行い、リスクを見積もるようにするとよりよいでしょう。

5.2 適切な運用と保守を目指して

　行政機関の業務、国民への行政サービスを担う情報システムにおいては、安全・安心を重視しすぎるあまり、情報システムを構成するすべてに対して過剰な費用をかけてしまうことがあります。

　しかし、本来は国民が納めたお金を用いて行政機関の情報システムは開発・運用・保守がなされるので、適切なコストにする必要があります。

5.2.1　システムプロファイルをベースに考える

　4.1.1で示したポイントにおいて、RTO、SLAが出てきたことを思い出してください。これら非機能要件の数値を検討する上で参考になるのが、情報システムの性質、システムプロファイルレベルになり、デジタル庁の「デジタル・ガバメント推進標準ガイドライン」になります。

　同ガイドラインの本文中では「保守計画はシステムプロファイルに応じた保守水準となるよう留意する」とあり、より具体的な内容が「システムプロファイルに係る定義について」で示されています。

> **システムプロファイルに係る定義について**
>
> 　各府省は、所管する情報システムそれぞれについて、事業活動におけるその信頼性に関し、「情報システムの機能の喪失、低下等によるサービス停止等発生時の影響度」を表1の4つのシステムプロファイルレベル（Type）から該当するものを1つ選択することにより、システムプロファイルを定義するものとする。レベルの該当・非該当の判断は、Type Ⅳから降順に行う。

なお、定義するシステムプロファイルは、表2のように、当該情報システムのシステム基盤に係る非機能要件を検討する際の最も原点となる判断要素となる。このため、たとえば、情報システムの運用が停止されては業務実施部門の業務に支障が出る、既存の情報システムの稼働率が99.99%を要求しているといっただけで、TypeⅣ、TypeⅢに判断してしまった場合、不適切な情報システム経費が発生するおそれがある。

出典 「デジタル・ガバメント推進標準ガイドライン」（抜粋）
URL https://www.digital.go.jp/resources/standard_guidelines/

「システムプロファイルに係る定義について」の表1および表2は次の通りとなります。表1ではシステムプロファイルの分類（Type）と判断要素を定義しており、表2ではこの定義に応じて具体的に非機能要件が示されています。

前項でサービスマネジメントについて触れましたが、ITILでいうところのITサービス継続性管理のビジネス・インパクト分析、リスクアセスメントと深く関連する内容となります。

表1　システムプロファイル

分類	判断要素
TypeⅣ	サービス停止などが起きた場合、これにより人命損害が発生する可能性があるもの、または想定される経済的損失が甚大であるもの
TypeⅢ	サービス停止などが起きた場合、これにより身体への悪影響が発生する可能性があるもの、または想定される経済的損失が大きいもの
TypeⅡ	サービス停止などが起きた場合、これにより経済的損失が少なからず発生するもの
TypeⅠ	TypeⅡからⅣまでに該当しないもの

出典 「デジタル・ガバメント推進標準ガイドライン」

同一情報システム内でも機能群、サブシステム単位で独立して管理されている場合には、各サブシステムが担う業務の内容に応じてシステムプロファイルの分類が異なる場合もあるでしょう。

そのような場合であっても、すべてのサブシステムにおいて最も重いTypeⅣで非機能要件を定義してしまった場合、過剰なコストをかける結果となるので、

各サブシステムのシステムプロファイルの分類に応じた非機能要件を検討し、適正なコストにするべきです。

行政機関での情報システム関連の調達、特に総合評価落札方式では、コストの適正化または削減を加点評価項目にすることもあり、提案において重要視される場合もあります。

表2　システムプロファイルから考えるシステム基盤に係る非機能要件のモデル 注記1)

No.	大項目	主な非機能要求項目	Type Ⅰ	Type Ⅱ	Type Ⅲ Type Ⅳ
1	可用性	稼働率	1年間で数日程度の停止まで許容できる（稼働率99%）	1年間で1時間程度の停止まで許容できる（稼働率99.99%）	1年間で数分間程度の停止まで許容できる（稼働率99.999%）
2		障害目標復旧水準	データのリカバリーを伴う復旧において、週次のバックアップデータからの復旧を行う	データのリカバリーを伴う復旧において、1営業日以内での復旧を目標とする	データのリカバリーを伴う復旧において、数時間で障害発生時までの復旧を目標とする
3		大規模災害	大規模災害時は、情報システムの再構築による復旧が前提となる	大規模災害時は、1週間以内での復旧を目指す	大規模災害時ではバックアップセンターでの業務継続性が要求される
4	性能・拡張性	性能目標	大まかな性能目標はあるが、他の要求より重視しない	性能面でのサービスレベルが規定されている	性能面でのサービスレベルが規定されている
5		拡張性	拡張性は考慮しない	情報システムの拡張計画が決められている	情報システムの拡張計画が決められている

注1）このモデルは、「非機能要求グレード2018利用ガイド［解説編］」（2018年4月　独立行政法人情報処理推進機構）の「モデルシステムシート」を参考に、政府情報システムに合わせて修正している

次ページへ続く▶

No.	大項目	主な非機能要求項目	Type Ⅰ	Type Ⅱ	Type Ⅲ Type Ⅳ
6	運用・保守性	運用時間	情報システムの運用時間は、業務時間内のみで、夜間は運用しない	夜間のバッチ処理完了後、業務開始まで若干の停止時間を確保する	常時サービス提供が前提であり、24時間365日の運用を行う
7		バックアップ	情報システム管理者等が必要なデータのみを手動でバックアップする	情報システム全体のバックアップを日次で自動的に取得する	メインセンターと同期したバックアップセンターを整備する
8		運用監視	ハードウェアおよびソフトウェアの各種ログを用いて死活監視を行う	アプリケーションの各業務機能が正常に稼働しているかどうか監視を行う	性能やリソース使用状況まで監視し、障害の予兆検出を行う
9		マニュアル	マニュアルは、情報システム管理者等が独自に作成する	ヘルプデスクを設置して、メンテナンス作業を行うため、運用マニュアルのほか、保守マニュアルも作成する	メインセンターの運用ルールに合わせて運用マニュアルを作成する
10		メンテナンス	臨時メンテナンス作業を行う場合がある	日中の運用に影響しなければ、情報システムを停止してメンテナンス作業を行う場合がある	メンテナンス作業はすべてオンライン状態で実施する
14	セキュリティ	重要情報資産の公開範囲	情報セキュリティ対策を施すべき重要な情報資産注記2)を保有していない	重要な情報資産を保有しているが、特定の相手とのみつながっている	重要な情報資産を保有しており、不特定多数の利用者にサービスが提供される

注2) 重要な情報資産とは、個人情報、センシティブ情報、換金性の高い情報等、特に高い情報セキュリティ対策が必要な情報資産のこと

出典 「デジタル・ガバメント推進標準ガイドライン」

皆さんが、行政機関の予算要求段階から担当職員にアプローチできているのであれば、調達する情報システムについてのシステムプロファイルを担当職員とともに検討することで、適正な予算獲得に貢献でき、担当職員からの信頼を獲得できるでしょう。

5.2.2　より高度な運用と保守を目指す

皆さんの中には、DevOps（Development and Operations）のような開発担当と運用担当が協働し、柔軟かつ迅速に開発するソフトウェアの開発手法に長けた方もいるかと思います。

しかしながら、現在の行政機関においては、4.1.2で触れたアジャイル開発と同様にほとんど普及していません。仮にDevOpsを採用した調達であったとしても、現行制度での調達・契約上の制約などを考慮し、できる範囲内の工夫の中で民間でのそれとは異なるやり方となっているのではないかと思われます。

令和4年6月20日からデジタル庁に「情報システム調達改革検討会」が設置されました。

参照　デジタル庁情報システム調達改革検討会を設置します
URL https://www.digital.go.jp/news/c8b4052c-5ffc-4f93-bea4-4ea799f57154/

この検討会では、重点計画を踏まえ、多様なシステム開発ニーズに対応していくにあたって、従来とは異なる調達プロセスや体制の見直しなど、より柔軟な調達の在り方を検討するため、情報システムの調達に必要な施策を議論するとしているので、今後、アジャイル開発だけでなく、DevOpsといった運用と保守にも関係するソフトウェア開発手法が行政機関の調達で採用されやすくなることが期待されます。

皆さんが行政機関の情報システム関連の調達に参入しやすい調達改革の行方を追い、いち早く参入機会を模索する意味でも、この検討会の動向を見守るとよいでしょう。

巻末付録 ●●●

調達仕様書での
情報セキュリティ
関連記載例

最後に本書 2.4.2 における、実際の調達仕様書での情報セキュリティに関
する記載例を載せておきます。

実際の調達仕様書を見る前に、情報セキュリティ対策を考慮した調達仕様書を作成する際に参考にするマニュアルやガイドラインについて触れておきます。

　政府情報システム向けのドキュメントになりますが、地方公共団体の情報システムに対しても活用できる内容となっています。

情報システムに係る政府調達における
セキュリティ要件策定マニュアル（SBDマニュアル）

URL https://www.nisc.go.jp/policy/group/general/sbd_sakutei.html

政府情報システムにおける
セキュリティ・バイ・デザインガイドライン

URL https://www.digital.go.jp/resources/standard_guidelines/

　SBDは、"Security By Design"のことであり、情報セキュリティを企画・設計段階から確保するための方策を示し、情報システムにおいて適切に情報セキュリティ対策を講じるためには、情報システムのライフサイクル（企画・設計・開発・運用・廃棄）で、上流の企画段階から情報セキュリティ対策を考慮し、調達仕様にセキュリティ要件を適切に組み込むことを目指すものです。

　SBDの考え方や適用方法などについては、マニュアル本体またはガイドライン本体を読むのがよいでしょう。

　ここでは、調達仕様書により具体的に記される内容にフォーカスをあてるので、SBDマニュアルの「付録A．対策要件集」で示されている仕様記載例が参考になります。

　この対策要件集では、単純に仕様記載例を羅列しているわけではなく、そもそもの「想定脅威」を示した上で「対策の効果」が示されており、なぜその仕様記載例が必要なのかがわかります。

　また、仕様について「対策の提案例」まで示されており、かなり具体的で有益な内容となっています。

SBDマニュアル　付録A. 対策要件集（抜粋）

　対策要件集に記載されている内容のうち、対策要件「AT-1-1 通信経路の分離」を一例として取り上げます。低位、中位、高位という記載が出てきますが、これは、管理の統制、技術的難易度、コストなどに応じた実施レベルを指します。

目的

不正行為の影響範囲を限定的にするため、業務に応じて通信経路（ネットワーク）の分離を行うこと。

想定脅威

＜低位＞なし

＜中位＞通信回線を介して情報の管理ポリシーの異なる外部からのアクセスによって、情報窃取等の不正行為が行われる。

＜高位＞なんらかの高度な攻撃手法、あるいは内部関係者によって、内部ネットワークの機器等に不正行為が行われる。

対策の効果

＜低位＞なし

＜中位＞通信回線を介して外部からアクセス可能な機器等が仮に乗っ取られたとしても内部ネットワークの他の機器等に被害が及ぶ可能性を低くすることができる。

＜高位＞内部ネットワークの機器等に対する不正行為の影響範囲をネットワークの一部に限定することができる。

仕様記載例

＜低位＞なし

＜中位＞不正の防止及び発生時の影響範囲を限定するため、外部との通信を行うサーバ装置及び通信回線装置のネットワークと、内部のサーバ装置、端末等のネットワークを通信回線上で分離すること。

＜高位＞不正の防止及び発生時の影響範囲を限定するため、外部との通信を行うサーバ装置及び通信回線装置のネットワークと、内部のサーバ装置、端末等のネットワークを通信回線上で分離するとともに、業務目的、所属部局等の情報の管理体制に応じて内部のネットワークを通信回線上で分離すること。

対策の提案例

<低位>なし

<中位> DMZの構築による外部アクセス向けネットワークの分離

<高位> ・VLAN、専用回線等による提供サービス、利用目的、部局等に
応じたネットワークの分離

・重要な情報を保有するサーバ装置等のネットワークと他のネットワークの分離とアクセス制御

・情報システムの運用または管理に用いる端末専用ネットワークの構築

・VPN、無線LAN、公衆電話網を介したアクセスが可能なネットワークの制限

`URL` https://www.nisc.go.jp/pdf/policy/general/SBD_manual_annex_a.pdf

上記のように、技術的な側面からの情報セキュリティ対策だけではなく、実際に情報システム開発のプロジェクトを回していく上での人員、体制や各種管理などにおける情報セキュリティ対策も調達仕様書では記載されています。

その具体的な例として、次の「調達仕様書（案）」を示します。読んでいくとかなり細かく仕様として記載されていることがわかるかと思います。細かい仕様は、情報システムが支える業務内容や行政サービスによって異なるので、大項目・中項目でこういう仕様があることを認識するのが第一歩となります。

さて、いよいよ掲載例をご覧いただくことにしましょう。

記載例として取り上げる労働基準行政システムは、国の行政機関である厚生労働省労働基準局の情報システムになります。労働基準局では、労働条件の確保・改善、労働者の安全と健康の確保、的確な労災補償の実施、仕事と生活の調和の実現を進めています。そのため、情報システム上でも日本全体での労働安全に関係する情報として労働災害関連情報の中に個人情報、災害内容等のセンシティブな情報が含まれるので、情報セキュリティについて網羅的に最大限配慮した記載内容となっていることにご留意ください。

繰り返しになりますが、行政機関から求められる情報セキュリティ対策のレベルは、調達内容（情報システムが支える業務内容や行政サービス）に応じて異なります。

　なお、「調達仕様書（案）」となっていますが、これは意見招請時点のものであるためです。

　ここで取り上げる「調達仕様書（案）」は、令和2年4月の意見招請の際に厚生労働省のWebページにて公開され（※出典URL参照）、広く一般に意見を請うたあと、内容によっては意見を取り入れるなどして修正し、「（案）」が外され、調達仕様書として確定されています。余程の致命的な誤りが意見として指摘されない限りは、大幅な修正が行われることは稀でしょう。

📖　調達仕様書（案）【掲載例】

5　作業の実施体制・方法に関する事項

（3）　作業要員に求める資格等の要件

　エ　情報セキュリティ管理者の条件

（ア）　情報セキュリティに関する企画、実施、運用及び分析のすべての段階で、物理的観点、人的観点及び技術的観点から、情報セキュリティを保つための施策を計画及び実施し、その結果に関する評価を行った実績を有すること。

（イ）　以下のいずれかに該当すること。

　① 情報処理の促進に関する法律（昭和45年5月22日法律第90号）に基づく情報処理安全確保支援士の登録を受けている者

　② 情報処理の促進に関する法律に基づき実施される情報処理技術者試験のうち、システム監査技術者試験（AU）（旧情報処理試験、システム監査技術者を含む）の合格者

　③ 特定非営利活動法人日本システム監査人協会（SAAJ）が認定する公認情報システム監査人（CSA）の有資格者

　④ 情報システムコントロール協会（ISACA）が認定する公認情報システム監査人（CISA）の有資格者

　⑤ (ISC) 2（International Information Systems Security Certification Consortium）が認定するセキュリティプロフェッショナル認証資格（CISSP）の有資格者

（ク）　情報セキュリティ対策

　　　情報セキュリティ対策は、情報漏えい対策等に関する管理を行うことを目的とし、以下に示す作業を実施すること。

① 厚生労働省情報セキュリティポリシー、付属書類及び労働基準行政システム情報セキュリティ対策実施手順書並びに厚生労働省保有個人情報管理規程及び特定個人情報の適正な取扱いに関するガイドライン（行政機関等・地方公共団体等編）（以下「厚生労働省情報セキュリティポリシー等」という。）の内容を理解し、遵守すること。

② 厚生労働省が提供する資料、ハードウェア、ソフトウェア、データ、施設等を利用する際、厚生労働省情報セキュリティポリシー等を遵守し、万全のセキュリティ対策を実施すること。

③ 厚生労働省情報セキュリティポリシー等の見直しが行われた場合は、その内容に準拠すること。

④ 情報セキュリティ対策対象、管理レベル等を取りまとめた情報セキュリティ対策要領を作成すること。

⑤ 情報セキュリティ対策要領に則った情報セキュリティ対策を実施すること。

⑥ 情報セキュリティ対策の実施状況は、少なくとも四半期に1回内部監査を実施の上、情報セキュリティ対策実施報告書を作成し、労災保険業務課等に報告すること。

⑦ 情報セキュリティ対策の内容は、各作業工程の状況に応じて、適宜改善策を検討し、労災保険業務課の承認を得ること。

⑧ 情報セキュリティに関する事故、障害等が発生した場合には、速やかに労災保険業務課等に報告し、対応策について協議すること。

⑨ 業務アプリケーション等について、ペネトレーションテストといった脆弱性検査を実施し、その結果を労災保険業務課等に脆弱性検査結果報告書にて報告すること。

⑩ 脆弱性検査結果を踏まえて、構成する機器及びソフトウェアの中で、脆弱性対策を実施する対象を適切に決定すること。また、脆弱性対策を行うとした機器及びソフトウェアについて、公表されている脆弱性情報及び公表される脆弱性情報を把握すること。

⑪ 把握した脆弱性情報について、対処の要否及び可否を判断すること。対処したものに関して対処方法、対処しなかったものに関してその理由、代替措置及び影響を納品時に労災保険業務課等に脆弱性情報の対処状況報告書にて報告すること。

⑫ 情報セキュリティポリシー遵守手順を、最新の厚生労働省情報セキュリティポリシー等に基づき作成し、情報セキュリティ対策要領に含めること。

⑬ 本件受託者は、情報セキュリティ対策を実施するに当たり、本件受託者内における社内教育や周知計画の具体的な実施方法を情報セキュリティ教育実施計画書にて労災保険業務課等に報告すること。また、実施結果等を情報セキュリティ教育実施報告書にて報告すること。

⑭ 本件受託者は、本件受託者の責任範囲を起因とする情報セキュリティに係るリスクが発現しないよう、本件受託者にて必要な対策を実施すること。

⑮ 本件受託者は、情報セキュリティが侵害された又はそのおそれがある場合には、速やかに労災保険業務課等に報告すること。また、原因の分析及び再発防止策をセキュリティ・インシデント報告書にて労災保険業務課等へ報告し、労災保険業務課の承認を得た上で実行すること。これに該当する場合には、以下の事象を含む。なお、損害に対する賠償の責任を負うこと。

・本件受託者に提供した又は本件受託者によるアクセスを認める厚生労働省の情報の外部への漏えい及び目的外利用

・本件受託者による厚生労働省のその他の情報へのアクセス

⑯ 情報セキュリティ対策の履行状況について、労災保険業務課等から本調達仕様書において求める情報セキュリティ対策の実績報告を求められた場合には速やかに提出すること。

⑰ 本件受託者における情報セキュリティ対策の履行が不十分であると認められる場合には、本件受託者は労災保険業務課等の求めに応じて対応策を提案の上、労災保険業務課等と協議を行い、合意した対応を実施すること。

6 作業の実施に当たっての遵守事項

(1) 機密保持、資料の取扱い

ア 本件受託者は、本件受託業務の実施の過程で厚生労働省が開示した情報（公知の情報を除く。以下同じ。）、他の受託者が提示した情報及び本件受託者が作成した情報を、本件受託業務の目的以外に使用又は第三者に開示若しくは漏えいしてはならないものとし、そのために必要な措置を講ずること。

イ 本件受託者は、本件受託業務を実施するに当たり、厚生労働省から入手した資料等については管理台帳等により適切に管理し、かつ以下の事項に従うこと。

（ア） 複製しないこと。

（イ） 作業に必要がなくなり次第、速やかに厚生労働省に返却すること。

（ウ） 本件受託業務完了後、上記アに記載する情報の廃棄又は厚生労働省への返却を行った上で、本件受託者において当該情報を保持していないことを誓約する旨の「機密文書の保持終了に係る誓約書」を厚生労働省へ提出すること。

ウ 万一本件受託者の責に起因する情報セキュリティ・インシデントが発生する等の事故があった場合には、直ちに労災保険業務課等に報告すること。また、損害に対する賠償の責任を負うこと。

エ 機密保持及び資料の取扱いについて、適切な措置が講じられていることを確認するため、厚生労働省が遵守状況の報告や実地調査を求めた場合には応じること。

(2) 遵守する法令等

ア 法令等の遵守

（ア） 本件受託者は厚生労働省情報セキュリティポリシー等の最新版を遵守すること。なお、厚生労働省情報セキュリティポリシー等のうち厚生労働省情報セキュリティポリシー、付属書類及び労働基準行政システム情報セキュリティ対策実施手順書は非公表であるが、政府機関等の情報セキュリティ対策のための統一基準に準拠しているので、必要に応じ参照すること。また、厚生労働省情報セキュリティポリシー、付属書類及び労働基準行政システム情報セキュリティ対策実施手順書の参照は、契約締結時に本件受託者が誓約する守秘義務に従って行うこと。

（イ）　本件受託業務の実施に当たり、労働基準行政システムの設計書等を参照・更新する際、作業方法等について労災保険業務課等の指示に従い、秘密保持契約の締結等をした上で作業すること。作業場所は、厚生労働省庁舎内又は労災保険業務課等の許可を受けた場所とすること。

（ウ）　本件受託者は、本件受託業務の実施において、民法、刑法、著作権法、不正アクセス行為の禁止等に関する法律及び行政機関の保有する個人情報の保護に関する法律等の関連する法令等を遵守すること。

（エ）　本件受託者は、本件受託業務の実施において、特定個人情報の取扱いに関して、特定個人情報の適正な取扱いに関するガイドライン（行政機関等・地方公共団体等編）に規定された安全管理措置の遵守のために必要な対応を行うこと。

（3）　情報セキュリティ管理

ア　情報セキュリティ管理（全般）

　本件受託者は、以下を含む情報セキュリティ対策を実施すること。

　また、その実施内容及び管理体制についてまとめた情報セキュリティ管理計画書を作成の上、提出すること。

　あわせて、本業務において納品するソフトウェア、電磁的記録媒体等は、製造業者名、製造業者の法人番号、製品名及び型番等について、情報セキュリティ管理計画書の一部として、別添様式（以下「機器リスト」という。）により提出すること。提出された機器リストについて、厚生労働省がサプライチェーン・リスクに係る懸念が払拭されないと判断した場合には、当該リスクに対応するため、代替品又はリスク低減対策の提出を求めることがあるので留意すること。なお、機器リストの製品等を変更する場合には、事前に厚生労働省に申請し、承認を得ること。

　ただし、機器リストについて、本件受託業務において業務アプリケーションのみを納品する場合は、「区分」は「ソフトウェア」、「製造業者名」及び「製造業者の法人番号」は本件受託者の情報、「製品名」は「業務アプリケーション（詳細な機能は仕様書による）」並びに「型番」は空欄とすること。

（ア）　厚生労働省から提供する情報の目的外利用を禁止すること。

（イ）　本件受託業務の実施に当たり、本件受託者若しくはその従業員、本調達の役務の内容の一部を再委託する先若しくはその従業員又はその他の者による意図せざる不正な変更がハードウェア、ソフトウェア等に加えられないための管理体制が整備されていること。

（ウ）　本件受託者の資本関係、本件受託業務の実施場所、役員等の情報（氏名・役職及び国籍）、本件受託業務従事者の所属・専門性（情報セキュリティに係る資格・研修実績等）・実績及び国籍に関する情報提供を行うこと。

（エ）　情報セキュリティ・インシデントへの対処方法が確立されていること。

（オ）　情報セキュリティ対策その他の契約の履行状況を定期的に確認し、厚生労働省へ報告すること。

（カ）　情報セキュリティ対策の履行が不十分である場合、速やかに改善策を提出し、厚生労働省の承認を得た上で実施すること。

（キ）　厚生労働省が求めた場合に、速やかに情報セキュリティ監査を受け入れること。

（ク）　本調達の役務内容を一部再委託する場合は、再委託されることにより生ずる脅威に対して情報セキュリティが十分に確保されるように情報セキュリティ管理計画書に記載された措置の実施を担保すること。

（ケ）　本件受託業務の実施の過程で厚生労働省から情報を受領する場合は、情報セキュリティに配慮した受領方法にて行うこと。

（コ）　本件受託業務の実施の過程で厚生労働省から受領した情報が不要になった場合は、これを確実に返却又は抹消し、書面にて報告すること。

（サ）　本件受託業務において情報セキュリティ・インシデントの発生、情報の目的外利用等を認知した場合は、速やかに厚生労働省に報告すること。

出典 厚生労働省労働基準局労災保険業務課「労働基準行政システムの情報連携の拡大に向けたデータ管理方法等に係る改修業務一式　調達仕様書（案）」

URL https://www.mhlw.go.jp/sinsei/chotatu/chotatu/shiyousho-an/200409-1.html

あとがき

　本書を最後までお読みいただき、ありがとうございました。

　本書刊行後も、「デジタル原則に照らした規制の一括見直しプラン」に示されている通り数多くの規制に関する条項の見直しが見込まれることから、本書で示した内容を手掛かりにしつつ、変化の動向を継続して追っていく必要があります。

　まえがきにて「いざ、行政機関の職員と一緒に仕事をするようになってからしばらくの間はとまどいの連続であり、新しく覚えなくてはいけないことだらけで、現場で試行錯誤しながら1つずつ地道にクリアしていく毎日でした」と私の経験談に触れましたが、そのような苦労についての軽減が読者の皆さんに対してできるよう本書の執筆を開始しました。

　いざ、執筆を始めてみると、第三者（行政機関の情報システムの調達について経験がない）の観点からするとわかりにくいところが多く何度も書き直しをしました。その際、読者にとってわかりやすい内容となるために翔泳社の編集の方々をはじめとし、その他の関係者の方たちからも多大なサポートをしていただきました。この場をお借りして御礼申し上げます。

　最後に、本書執筆の機会をいただいた細川義洋さんに厚く御礼申し上げます。

2022年11月

根本 直樹

索引

数字・アルファベット

あ行

か行

た行

著者プロフィール

根本直樹 （ねもと・なおき）

デロイトトーマツ コンサルティング合同会社執行役員

副（複）業として、デジタル庁でのガバナンスマネージャーを務め、デジタル庁情報システム調達改革検討会オブザーバー、政府におけるデジタル人材育成を担う情報システム統一研修の講師でもある。また、情報処理技術者試験委員・情報処理安全確保支援士試験委員（情報処理の促進に関する法律に基づく国家試験の委員）なども務める。

テレコムセクターでの国際技術標準・基準適合に関する計測コンサルティングからキャリアをスタートして以来、客観的に測ることをベースとした事実の見える化による分析、課題抽出、仮説検証、課題解決に一貫して取り組んでいる。

中央省庁におけるユーザーの目的の追求、業務効率向上に資する業務改善を軸とした社会保障分野に関する業務情報システムの見直しおよびサイバーセキュリティ対策強化などで 10 年以上のアドバイザー経験を有する。

さらに、新しい多様な働き方（副（複）業、ジョブ型雇用）について自らが実践することにより、デジタル社会におけるデジタル人材の在り方を検討・模索している。

趣味は将棋（日本将棋連盟弐段位）、音楽（鑑賞、作成/DTM）、格闘技。
＜所属学会＞ ACM、IEEE など
＜保有資格＞ 情報処理安全確保支援士、公認情報システム監査人（CISA）、PMP など

装　丁／喜來詩織（エントツ）
DTP ／株式会社 シンクス

行政情報システム受託・開発の教科書

2022年11月16日　　初版第1刷発行

著　　　者　　根本 直樹
発　行　人　　佐々木 幹夫
発　行　所　　株式会社 翔泳社（https://www.shoeisha.co.jp）
印刷・製本　　日経印刷 株式会社

©2022 Naoki Nemoto

本書は著作権法上の保護を受けています。本書の一部または全部について（ソフトウェアおよびプログラムを含む）、株式会社 翔泳社から文書による許諾を得ずに、いかなる方法においても無断で複写、複製することは禁じられています。
本書へのお問い合わせについては、002ページに記載の内容をお読みください。
落丁・乱丁はお取り替え致します。03-5362-3705までご連絡ください。

ISBN978-4-7981-7497-6　　　　　　　　　　　　　　　　　　Printed in Japan